5歳からの
哲学

考える力を
ぐんぐんのばす
親子会話

ベリーズ・ゴート／モラグ・ゴート
高月園子〈訳〉

晶文社

Philosophy for Young Children
A Practical Guide
by Berys Gaut and Morag Gaut

Authorised translation from the English language edition
published by Routledge, a member of the Taylor & Francis Group,
through Japan UNI Agency, Inc.

Illustration：Mizmaru Kawahara
BookDesign：Albireo

5歳からの哲学　目次

3 社会哲学 友だちと人間関係

4 倫理 美徳と悪徳

5 美学 美しさ、絵、物語

6 心の哲学 感情、何かを信じること、人

7 認識論 夢と錯覚

8 形而上学 何が真実か

【土屋陽介先生からの一言】

はじめに

本書は小さな子どもたちに哲学の手ほどきをすることを目的としています。そのために必要なお話と問答のプランを提供しています。すべての問答は実際に教育現場で使用されたものであり、小学校（イギリスでは地方や公私立によりかなり異なるが、小学校への入学年齢はだいたい四歳半なので、日本では保育園／幼稚園の年齢）の現役教諭とセント・アンドリュース大学哲学教授の共同執筆によるものなので、実践的であると同時に学術的にも妥当です。空いた時間に、できれば規則的なペースで子どもとじっくり哲学的な会話をすることにより、子どもの思考力、集中力、そして議論する能力を飛躍的に伸ばすことができます。まず哲学の利点、哲学とは何か、本文にある問答の使い方について説明しましょう。

誰でも哲学を教えられる

哲学を学んだ経験がなくても心配はいりません。小さな子どもに哲学を教えるのに哲学の素養は必要ないからです。この年齢の子どもに哲学を教える作業の第一歩は、まず子どもに哲学的な議論をするチャンスを与え、あなたが進行役となってその議論に集中させ続けることです。議論の導き方は問答プランに示されていますので、プランに従っていけば、哲学を教えていると確信できます。

哲学と学習教科

哲学は学習教科のあらゆる領域を内包しています。問答の使用は読み書きの側面を広くカバーし、子どもの思考スキルを育み、自主的に学習する能力を伸ばします。

子どもは哲学を学ぶことにより無数の恩恵を受けますが、そのいくつかは急速に実感されるでしょう。また、子どもはより積極的で自主性のある学習者になります。材料や質問を提供するのはあなたですが、子どもたちはそれについて議論するにあたり、自身の体験や知識を駆使して議論を興味が引かれる方向にもっていくからです。

哲学をすることにより、子どもは以下のような数多くのスキルを発達させます。

- 批判的な論理的思考力……理由づけ、反論や反例の判定、原則を発見し差別化する能力
- 創造的思考力……独自の考えを生み出し、議論を通してそれを発展させる能力
- 集中力……集中を持続させる能力
- 聴く力……他の人が話しているときに、邪魔することなく注意深く耳を傾ける能力
- コミュニケーション能力……自身の考えを言葉にして、明確に他者に伝える能力
- 社交性……他者の考えに敬意を払い、許容する能力

哲学的質問

哲学には二つの面があります。一つは哲学的テーマを成す一連の質問、もう一つはこういった質問に

答えるための方法論です。

哲学的質問は「私たちはどのように生きるべきか」「何が正しくて、何が間違っているか」「何かが実際にあるかどうかは、どうしてわかるか」といった本質的な質問です。このような質問には、科学的な質問や普段の生活で生じる多くの疑問と違い、定まった答えはありません。

哲学と理由づけ

哲学の第二の面は、哲学的質問に答えるための方法論で、これは批判的な理由づけから成り立っています。哲学は「答えを支える理由」の探求です。単に何かを主張するのでは不十分なのです。普段の生活においても、とりわけ誰かの意見に賛成または反対するときなどに、私たちはこの理由づけを頻繁に行っています。たとえば、何かを言うに当たり、例をあげて自説を裏づけようとします。相手の意見に賛成できない場合には、その意見と矛盾する反例をあげたりもします。または、反対する理由を述べ、自分の考えを支える議論を展開します。主張を支持する原則（一般的な理由）を見つけるのも一手です。これに対し、誰かがあなたの原則に対する反例をあげるかもしれません。するとあなたは自らの原則を破棄してそれまでの意見を覆すか、もしくは反例のほうが間違っていると論じ返さなければなりません。または、相手が二つのケースを混同しているので、それらをはっきり区別する必要があると説きます。

哲学では、私たちが普段の生活で駆使しているのと同様の理由づけを使用しながらも、理論や主張の展開に際し、非常に注意深く、明確かつ系統立ったものであることを目指します。小さな子どもたち、それも就学前の幼い子どもでさえ、驚くほど洗練された方法で理由づけを学ぶことができます。あなたは本書の中にそういった例を数多く見つけ、それらが子どもたちの自主的な思考力を伸ばすのに役立つことを発見するでしょう。

哲学と非哲学

非哲学的な質問や方法論は、哲学的なそれとかく混同されがちです。子どもたちに「どんなふうにケーキを分けたい？」と聞いた場合、それは哲学的質問ではありません。なぜなら、それは子どもたちに単にどうしたいかを尋ね、何の理由も求めてはいないからです。けれども、「ケーキを公平に分けるにはどうすればいい？」と聞き、その理由を尋ねたとしたら、これは哲学的な質問と方法論になります。この場合、子どもたちは公平さ（政治哲学のテーマ）について話し合い、理由づけをしなくてはなりません（哲学の方法論）。

哲学は基本的な質問を、理由づけを求める形で問います。本書の問答に含まれる哲学はもちろん小さな子どもの能力に合わせてはいますが、れっきとした哲学です。子どもが自然に疑問に思うおもしろい質問について、自分自身で考えるよう働きかけます。すると時に子どもたちはびっくりするほど斬新なものの見方を示します。

問答の使い方

何を教えるときもそうですが、事前にきちんと準備し、計画を立てておくことは重要です。子どもと哲学の時間をもつ前に、問答を注意深く読んで、必要な小道具があれば用意しましょう。

問答の進行係として、議論の道筋がそれないようにするのがあなたの仕事ですが、主導的になりすぎないよう気をつけなくてはなりません。子どもの意見を尊重し、自身の価値観を押しつけないよう注意しましょう。進行係として、子どもが理由を述べたときには、彼らが考えを言葉にするのを助けたり、その考えに疑問を投げかけたりするために、しばしば質問し続けることになります。これは子どもたちが自分の考えを創造的に発展させるのを助けます。

哲学の時間を終えるタイミングは、たとえば子どもが集中力がなくなって落ち着きを失ったり、同じ言葉を繰り返したりするようになるので自然にわかります。時間についてはフレキシブルであることは非常に重要です。

最後に

哲学の問答はあなたと子どもの双方にとって楽しい経験になるはずです。あなたが熱意をもって刺激的な雰囲気を作り出せば、子どもにとって哲学の時間は待ち遠しいものになるでしょう。私たちの経験ではほとんどの子どもが哲学の時間を楽しみますが、その理由はさまざまです。「質問するのが好きだから」と言った子どももいれば、「話したいときに話せるから好き」と答えた子どももいました。

哲学があなたの教育活動に組み込まれ、あなたと子どもたちがここにある問答の使用を楽しんでくれることを私たちは願っています。

日本版の使い方

自分《じぶん》ひとりで勉強《べんきょう》する人《ひと》は、ここを読《よ》んで、自分《じぶん》なりの答《こた》えを見《み》つけましょう。

お父《とう》さんやお母《かあ》さん、あるいは先生《せんせい》に向けて《む》のアドバイスです。とくに反論は、予想《よそう》される答《こた》えに対《たい》しての反論《はんろん》を示《しめ》しています。さらに考《かんが》えを深《ふか》めます。

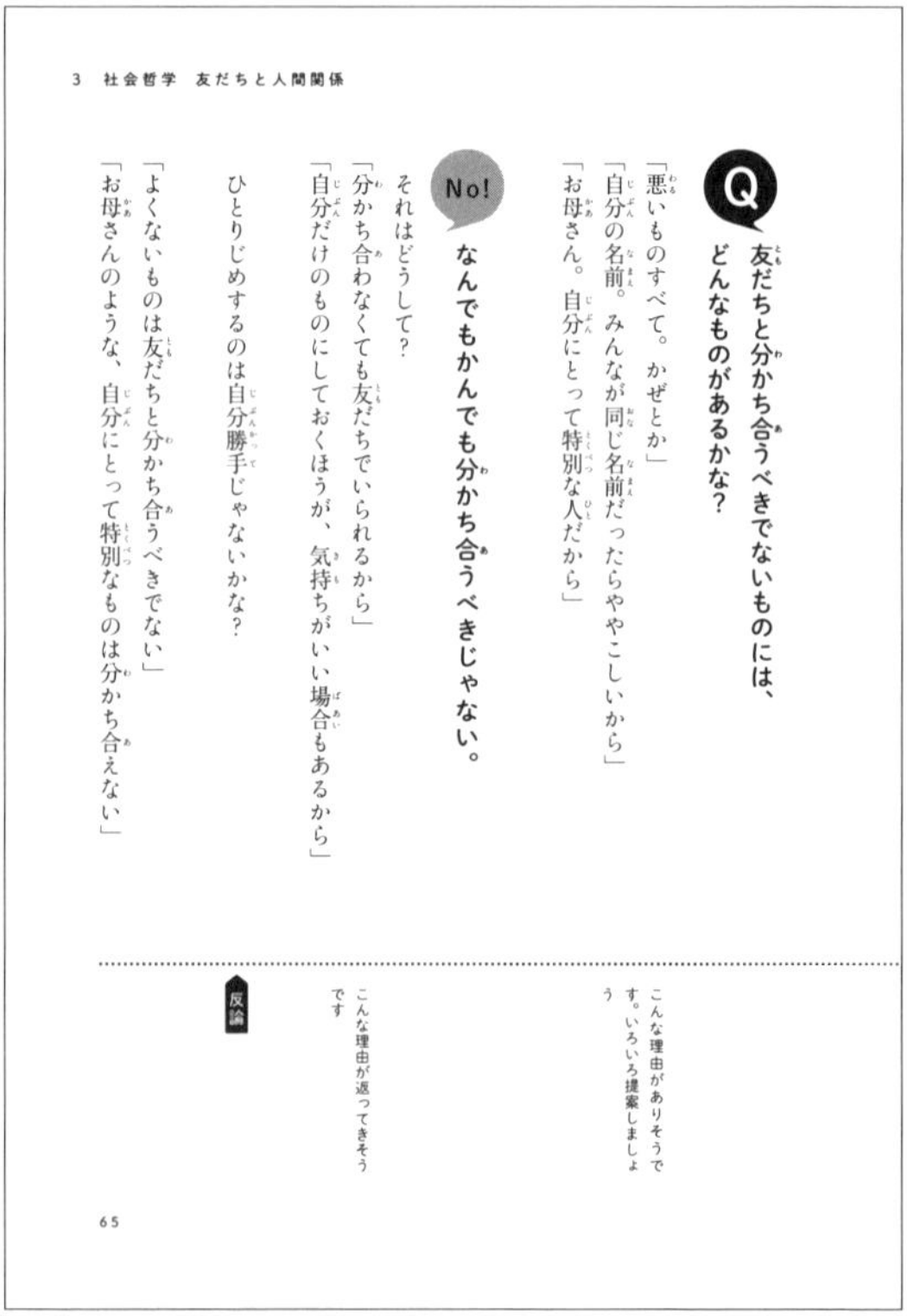

3　社会哲学　友だちと人間関係

Q 友《とも》だちと分《わ》かち合《あ》うべきでないものには、どんなものがあるかな？

「悪《わる》いものすべて。かぜとか」
「自分《じぶん》の名前《なまえ》。みんなが同《おな》じ名前《なまえ》だったらややこしいから」
「お母《かあ》さん。自分《じぶん》にとって特別《とくべつ》な人《ひと》だから」

No! なんでもかんでも分《わ》かち合《あ》うべきじゃない。

それはどうして？
「分《わ》かち合《あ》わなくても友《とも》だちでいられるから」
「自分《じぶん》だけのものにしておくほうが、気持《きも》ちがいい場合《ばあい》もあるから」

ひとりじめするのは自分勝手《じぶんかって》じゃないかな？

「よくないものは友《とも》だちと分《わ》かち合《あ》うべきでない」
「お母《かあ》さんのような、自分《じぶん》にとって特別《とくべつ》なものは分《わ》かち合《あ》えない」

こんな理由がありそうです。いろいろ提案しましょう

反論

こんな理由が返ってきそうです

65

1

政治哲学

公平さとルール

こぐまのピクニック

公平《こうへい》ってどういうことをいうのかな？①

［哲学的テーマ］
公平さ――「平等」と「必要」
［目的］
公平な分け方とは、同じ大きさや数になるよう分けることか、それとも必要度に応じて分けることなのか、考えてみましょう

お話

二《に》ひきの小《ちい》さなこぐまが　ピクニックをすることにしました。

草《くさ》むらに日《ひ》かげを見《み》つけてテーブルクロスを広《ひろ》げ、お皿《さら》をならべて真《ま》ん中《なか》にケーキをおきました。

こぐまたちが言《い》いました。

「このケーキ、どう分《わ》けようか？」

「そうだね、ぼくたちの間《あいだ》で公平《こうへい》になるように分《わ》けよう」

Q　ケーキをどう分《わ》けるのが公平《こうへい》だと思《おも》う？

つづき

二《に》ひきのこぐまは公平《こうへい》になるよう、二《ふた》つのケーキがちょうど同《おな》じ大《おお》きさになるように切《き》り分《わ》けることにしました。

するとそこへ、すごく体《からだ》の大《おお》きなこぐまがやってきて言《い》いました。

「こんにちは。おいしそうなケーキだな。おねがい、仲間《なかま》に入《い》れてくれよ。ぼくもそのケーキを食《た》べていいだろう？」

「もちろんだよ」こぐまは答《こた》えました。

すると大《おお》きなこぐまはすわってこう言《い》いました。

「ぼくにいちばん大《おお》きいケーキをくれないとだめだよ。ぼくは君《きみ》たちよりうんと体《からだ》が大《おお》きいだろう？　だから大《おお》きいケーキが必要《ひつよう》なんだ」

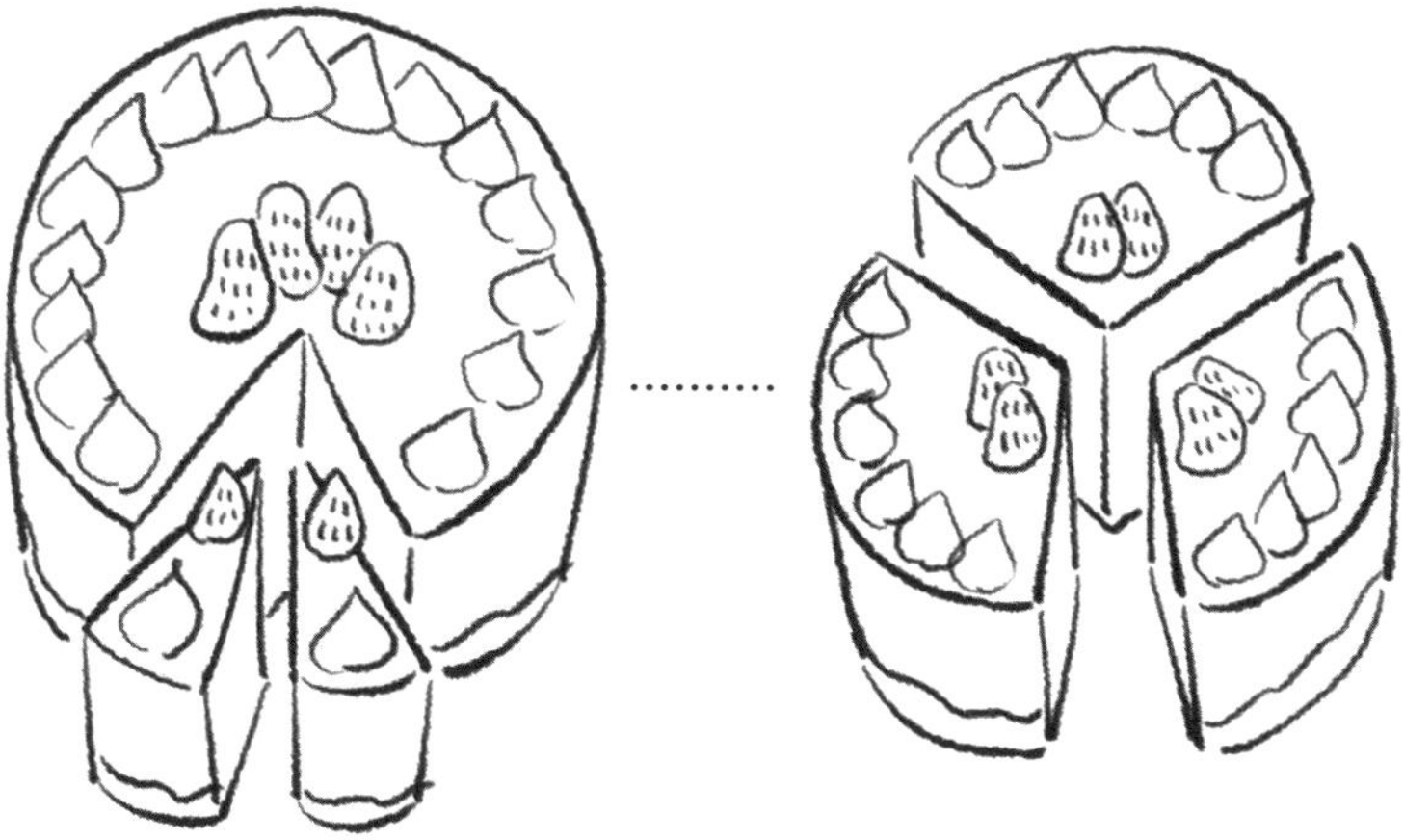

Q 大《おお》きいこぐまがいちばん大《おお》きいケーキをもらうのは公平《こうへい》だと思《おも》う？

Yes!

公平《こうへい》。

どうして公平《こうへい》だと思うの？

「小《ちい》さなこぐまより大《おお》きいケーキをもらわなかったら、大《おお》きなこぐまはおなかいっぱいにならないから」

でも、大《おお》きなこぐまが大《おお》きいケーキをもらったら、他《ほか》の二《に》ひきがハッピーじゃないよね。

反論

「大《おお》きなこぐまは小《ちい》さなこぐまより体《からだ》が大《おお》きいから、たくさん食《た》べないといけない。だから、大《おお》きいケーキをもらうのが公平《こうへい》」

でも、こんなことが考《かんが》えられるよね。

なにかを分《わ》けるときは、いつでもたくさん必要《ひつよう》としている人《ひと》のほうに、

反論

子どもから返ってきそうな理由です

たくさんあげるべきだと思《おも》う？　だったら、たとえば二人《ふたり》の子《こ》どもが両方《りょうほう》ともかぜを引《ひ》いてたら、かぜがひどいほうにティッシュをたくさんあげるべきだと思《おも》う？

No!

公平《こうへい》じゃない。

どうして公平《こうへい》じゃないの？

「大《おお》きなこぐまはよくばりだ」

こんな理由が考えられます

反論

そうかな？　べつによくばりじゃないよ。体《からだ》が大きい分《ぶん》、たくさん食《た》べないといけないんだから。

「ぼく（わたし）が他《はか》の子《こ》となにかを分《わ》けるときはいつも同《おな》じ大《おお》きさに分《わ》けるから、こぐまたちも同《おな》じ大《おお》きさに分《わ》けるべき」

反論

ほんとうにそうかな？　友《とも》だちとは体《からだ》の大《おお》きさがほとんど変《か》わらないんじゃない？　でも大《おお》きなこぐまは他《ほか》の二《に》ひきよりうんと体《からだ》が大《おお》きいんだ

よ。だから、たくさん食《た》べないといけないんだ。

「もし大《おお》きなこぐまが大《おお》きいケーキをもらったら大《おお》きなこぐまはハッピーだけど、他《ほか》の二《に》ひきはハッピーじゃない。一《いっ》ぴきがハッピーより二《に》ひきがハッピーのほうがいいんじゃない」

「なにかを分《わ》けるときは、いつでも同《おな》じ大《おお》きさになるように分《わ》けたほうがいいと思《おも》う」

大《おお》きなこぐまが大《おお》きいケーキをもらうのは公平《こうへい》じゃないって思《おも》うのね。でも、おうちのご飯《はん》では、お父《とう》さんやお母《かあ》さんのお皿《さら》にのってる食《た》べもののほうが子《こ》どもたちのより多《おお》いよね。それはなぜだと思《おも》う？　体《からだ》の大《おお》きいお父《とう》さんやお母《かあ》さんは、子《こ》どもよりたくさん食《た》べなきゃならないからでしょ？　それなら、大《おお》きなこぐまがいちばん大《おお》きいケーキをもらうのは公《こう》平《へい》なはずだよ。大《おお》きなこぐまは他《ほか》の二《に》ひきのこぐまよりうんと体《からだ》が大《おお》きいんだから。どう？　だったら大《おお》きなこぐまがいちばん大《おお》きいケーキをもらっていいと思《おも》う？

他にもこんな理由があります

反例をあげて考えを広げましょう

やってみよう

みんなといっしょにほんもののケーキを切《き》り分《わ》けてみましょう。そのとき、友《とも》だちが言《い》った方法《ほうほう》で切《き》り分《わ》けましょう。ひょっとしたら、あなたはいちばん大《おお》きな一切《ひとき》れをもらうという幸運《こううん》にあずかれるかもしれません！

まとめ

何かを公平《こうへい》に分《わ》けるにはどうすればいいか？　いつでも同《おな》じ大《おお》きさにするのがいいのか、ひとりひとりどれくらい必要《ひつよう》としているかによって分《わ》けるべきなのか。もう一度《いちど》、考《かんが》えてみましょう。

【設定を変える】設定をふたごのバースデーパーティにし、二匹のこぐまの代わりにふたご、大きなこぐまの代わりにのっぽの友だちジェーンを登場させ、そのときにはどう考えるのか、別の設定でも考えてみましょう。

ガビンのすなば

どういうことを公平《こうへい》っていうのかな？②

【哲学的テーマ】
政治哲学——「公平さ」と「拒否」

【目的】

理由に関係なく、なにかを作るのを手伝ってくれなかった人には、それを使わせなくてもいいか、それは公平かどうかを考えましょう

お話

ガビンはお庭《にわ》にすなばを作《つく》ることにしました。

お母《かあ》さんが言《い》いました。

「囲《かこ》いは、お庭《にわ》のすみっこにある石《いし》を使《つか》えばいいわ。すなはお母《かあ》さんが買《か》ってきてあげるわね」

ガビンは友《とも》だちのジョンに、石《いし》を運《はこ》んですなばの囲《かこ》いを作《つく》るのを手《て》伝《つだ》ってほしいとおねがいしました。

ところがジョンは、

「いやだよ。いま、スケートボードしてるんだもん。でも、すなばができたら、遊《あそ》んでいいだろ？」と言《い》います。

そこでガビンは言《い》いました。

「ダメ。手伝《てつだ》ってくれないなら、遊《あそ》ばせてあげない！」

しかたなくガビンはひとりで全部《ぜんぶ》の石《いし》を運《はこ》んで囲《かこ》いを作《つく》りました。

終《お》わったときには、とってもつかれていました。

Q ガビンがジョンにすなばで遊《あそ》ばせてあげないと言《い》ったのは公平《こうへい》だと思《おも》う？

Yes! 公平《こうへい》だと思《おも》う。

どうして、すなばを使《つか》わせないのが公平《こうへい》だと思《おも》うの？

「ジョンは手伝《てつだ》えたのに、手伝《てつだ》おうとしなかったから」

「ガビンはすなば作《づく》りをしたけど、ジョンはしなかったから」

「すなばで遊《あそ》びたいのにすなば作《づく》りを手伝《てつだ》わなかったジョンは自分勝手《じぶんかって》だから」

「友《とも》だちを手伝《てつだ》わなかったジョンはやさしくないから」

でも、それなら友《とも》だちのジョンにすなばを使《つか》わせないと言《い》ったガビンもやさしくないんじゃない？

反論

子どもの返事に耳を傾けましょう。こんな理由が返ってきそうです。

No!

公平《こうへい》じゃない。

どうして公平《こうへい》じゃないの？
「ジョンは友《とも》だちだから、いっしょにすなばを使《つか》うべき」
「いつでも人《ひと》のことはゆるしてあげるべき……たとえ手伝《てつだ》うのをことわられても」

手伝《てつだ》わなかった人《ひと》をゆるすかどうかは、どのくらいその人《ひと》が必要《ひつよう》だったかによると思《おも》わない？　たとえば、もしガビンがすなばを作《つく》るとちゅうでけがをしたのにジョンが手伝《てつだ》わなかったら、それでもガビンはジョンをゆるすべきだと思《おも》う？

つづき

少《すこ》し休《やす》んだあとに、ガビンはお母《かあ》さんが買《か》ってきてくれたすなを取《と》りに行《い》きました。
ガビンは思《おも》いました。

反論
さらに考えを広げます

「このすなぶくろを持《も》ちあげて囲《かこ》いにすなを入《い》れるのは、ぼくひとりじゃ無理《むり》だ」

ちょうどそのとき、となりの庭《にわ》にデイビッドが見《み》えたので、手伝《てつだ》ってくれないかとたずねました。

するとデイビッドは言《い》いました。

「ごめん、うでをけがしてるから手伝《てつだ》えないんだ。でも、すなばができたら遊《あそ》んでいいだろ？」

それに対《たい》し、ガビンはこう言《い》いました。

「ダメ、手伝《てつだ》ってくれないなら、遊《あそ》ばせてあげない」

しかたなくガビンはひとりですなぶくろを持《も》ちあげて、なんとかすなを囲《かこ》いに入《い》れました。

そして家《いえ》からバケツとシャベルを持《も》ってきて、ひとりで遊《あそ》びはじめました。

Q ガビンがデイビッドにすなばで遊《あそ》ばせないと言《い》ったのは公平《こうへい》だと思《おも》う？

Yes! 公平《こうへい》だと思《おも》う。

どうして公平《こうへい》だと思《おも》うの？

「ガビンはすなばを作《つく》るのをがんばったけど、デイビッドはなにもしていないから」

「友《とも》だちなのにガビンを手伝《てつだ》わなかったデイビッドはやさしくないから」

「ガビンを手伝《てつだ》わなかったデイビッドは自分勝手《じぶんかって》だから」

だったら、こんなことも考《かんが》えてみて。

デイビッドはうでがいたかったから手伝《てつだ》えなかったんだよね。だからデイビッドはやさしくないわけでも、自分勝手《じぶんかって》なわけでもないんじゃない？

でもジョンは手伝《てつだ》えたのに手伝《てつだ》わなかったんだよね。

こんな理由が返ってきそうです

手伝えなかった二つのケースの理由の違いに気づかせましょう

No!

公平《こうへい》じゃない。

どうして公平《こうへい》じゃないと思《おも》うの？

「いつでも人《ひと》のことはゆるしてあげるべきだから」

「デイビッドは友《とも》だちだから、すなばをいっしょに使《つか》うべき」

「デイビッドはうでがいたかったから手伝《てつだ》えなかったのだから、手伝《てつだ》いをことわったのにはちゃんとした理由《りゆう》があった。でも、ジョンは手伝《てつだ》えたのに手伝《てつだ》わなかった。だからガビンは手伝《てつだ》ってくれなかった二人《ふたり》の理由《りゆう》を分《わ》けて考《かんが》えるべき」

もう一度考えてみよう

もしお母《かあ》さんにパンを焼《や》くのを手伝《てつだ》ってって言《い》われたときに「手《て》がいたいから手伝《てつだ》えない」と言《い》ったとしたらどう？　この理由《りゆう》は手伝《てつだ》わないためのちゃんとした理由《りゆう》だと思《おも》う？　もしこの理由《りゆう》で手伝《てつだ》わなかったら、焼《や》き上《あ》がったパンをもらえなくても、しかたないと思《おも》う？（それは公平《こうへい》なことだと思《おも》う？）

こんな理由が返ってきそうです

Q すなば作りを手伝《てつだ》えない理由《りゆう》をいくつか考《かんが》えてみて。それはちゃんとした理由《りゆう》かな？

まとめ

なにかを作《つく》るときに手伝《てつだ》ってもらえなかったら、その人《ひと》にそれを使《つか》わせないのが公平《こうへい》なのか、公平《こうへい》じゃないのか。手伝《てつだ》えない理由《りゆう》によって使《つか》わせてあげたほうがいいのか。いろいろ考《かんが》えてみましょう。

動物《どうぶつ》たちのおやつ

どういうことを公平《こうへい》っていうのかな？③

【哲学的テーマ】
政治哲学——公平な分配と用心

【目的】
グループのうちひとりだけが用心深く、いくらかを先々のために取っておこうとした場合に、どうすれば公平に分けられるかを考えましょう

お話

ある日《ひ》、お散歩《さんぽ》していたモグラとウサギは　ちょっとすわって一休《ひとやす》みすることにしました。

モグラが言《い》いました。

「君《きみ》のふくろに入《はい》ってるブドウを食《た》べようよ」

ウサギが言《い》います。

「いいよ。10つぶを全部《ぜんぶ》ここで食《た》べてしまおう。君《きみ》には3つぶあげる。残《のこ》りの7つぶはみんなぼくのだよ」

Q

この分《わ》け方《かた》は公平《こうへい》だと思《おも》う？

つづき

するとモグラが言《い》い返《かえ》します。

「それは公平《こうへい》な分《わ》け方じゃないよ。半分《はんぶん》ずつに分《わ》けるべきだ。ぼくが5つぶ、君《きみ》も5つぶ」

二《に》ひきは同《おな》じ数《かず》に分《わ》け、ウサギは自分《じぶん》の5つぶをさっさと食《た》べてしまいました。

すると、モグラが言《い》いました。

「ぼくはぜんぶ食《た》べてしまいたくないな。少《すこ》ししたら、またおなかがすくかもしれないから。この2つぶは残《のこ》しておこうっと」。そして、2つぶをふくろにもどしました。

モグラとウサギはまた散歩《さんぽ》をはじめ、森《もり》をぬけ、川《かわ》のほとりを歩《ある》いていきました。

二《に》ひきはまた一休《ひとやす》みして、水遊《みずあそ》びをすることにしました。

するとウサギが言《い》いました。

「またおなかがすいちゃった。あの残《のこ》りのブドウを食《た》べようよ。こんどはモグラくんが前《まえ》に言《い》ったように同《おな》じ数《かず》ずつに分《わ》けていいよ」

ところがモグラは言《い》いました。
「とんでもない。ウサギくんのはないよ。2つぶともぼくが食《た》べるべきだよ。だって、これはぼくが取《と》っておいたんだから」

Q **モグラが2つぶとも食《た》べて、ウサギが1つぶも食《た》べられないのは公平《こうへい》だと思《おも》う？**

Yes! **公平《こうへい》。**

どうして公平《こうへい》なの？
「その2つぶはモグラが取《と》っておいた分《ぶん》だから」
「モグラがその2つぶを食《た》べれば、モグラとウサギが5つぶずつ食《た》べたことになるから公平《こうへい》」
「ウサギはよくばりだ」

ウサギはよくばりじゃないよ。今回《こんかい》もただ公平《こうへい》に、同《おな》じ数《かず》ずつに分《わ》けよ

反論　こんな理由が返ってきそうです

うとしているんだから。

「ウサギはずるい。最初《さいしょ》の一休《ひとやす》みでは公平《こうへい》でない分《わ》け方《かた》をしようとしたのに、自分《じぶん》が得《とく》するときには同《おな》じ数《かず》ずつに分《わ》けようとしているから」

No!

公平《こうへい》じゃない。

モグラが2つぶとも食《た》べるのが、なぜ公平《こうへい》じゃないの？

「たとえ先《さき》にだれかが多《おお》く食《た》べていたとしても、なにかを分《わ》けるときはいつでも平等《びょうどう》に分《わ》けるべきだから」

では、こんな場合《ばあい》はどう？　ブドウがもともと100つぶあったとしよう。ウサギが先《さき》に98つぶ食《た》べていたとしても、残《のこ》りの2つぶは半分《はんぶん》ずつに分《わ》けるべきだと思《おも》う？

「ウサギがなにも食《た》べられなくてただ見《み》ているところで、モグラが2つぶ

こんな理由が返ってくるかもしれません

こんな反例をあげてみましょう

とも食《た》べるのは意地悪《いじわる》だから」

「ウサギはおなかがすいている。おなかがすいていたら、食《た》べものを少《すこ》しもらっても不公平《ふこうへい》じゃない」

たとえおなかがすいていたとしても、相手《あいて》より食《た》べものを多《おお》くもらおうとするのが正《ただ》しくない場面《ばめん》はあるよ。たとえば、お兄《にい》さんが弟《おとうと》の食《た》べものを取《と》ろうとしたときとか。

まとめ

最後《さいご》にモグラが言《い》ったことに対《たい》し、ウサギはなんて言《い》うと思《おも》う？　ウサギは1つぶもらえそうかな？　それとも、モグラが2つぶとも食《た》べてしまうのかな？　そのとき、ウサギとモグラはどんな気持《きも》ちがすると思《おも》う？

二人《ふたり》のうちひとりだけが先《さき》にそなえていくらかを残《のこ》しておいたとき、その分《ぶん》をどう分《わ》けるのが公平《こうへい》なのか、もう一度《いちど》考《かんが》えてみましょう。

ほかにどんな反例があるか考えてみましょう

【設定を変える】

ジュディとトムはおばあちゃんから2ポンドずつおこづかいをもらいました。ジュディはそのお金をすべて貯金箱に入れました。トムは2ポンド全部を使っておもちゃの車を買いました。次の日、トムはおもちゃの車をもう一つ買いたくなったので、ジュディのお金の半分がほしいと言いました。

さて、ジュディは自分のお金の半分をトムにあげるべきでしょうか？

土屋陽介先生からの一言

公平について

どのような状態が公平なのか、という問題はとてもむずかしい。西洋哲学では、「公平」は「正義」の概念と結びつけられて考えられてきた。たとえば、お金や名誉をバランスよく公平に社会のメンバーに配分することは、哲学の世界では「配分的正義」と呼ばれている。

このことを、現代の社会の税金の問題を例にあげて考えてみよう。消費税は貧乏な人もお金持ちも同じだけ払うけど、それって公平?

また、大学は国から補助金が出ているけど、ある程度お金がある家の子どもしか通えない。お金持ちではない家にも、大学に通えるだけのお金を出したほうが公平じゃない?　それとも特定の人たちだけにお金をあげることになるから不公平?

国がどのようにお金(税金)を配分するのが正しいのか、「公平」は、私たちの社会につながる大切な問題なんだよね。

土屋陽介先生は大学と高校で哲学を教えています。日本の実状や哲学的問答にはどのような背景があるのか語っていただきました。自分で勉強する人や大人たちに向けてアドバイスをくれました。

学校《がっこう》の決《ル》ま《ー》り《ル》

決《ル》ま《ー》り《ル》はいつでも必要《ひつよう》なこと？

お話

わたしたちの幼稚園《ようちえん》や保育園《ほいくえん》、学校《がっこう》には多《おお》くの決《ル》ま《ー》り《ル》があります。

Q 決《ル》ま《ー》り《ル》にはどんな場合《ばあい》もしたがうべきだと思《おも》う？

Yes! したがうべき。

それはどうして？

「ろうかを走《はし》ってはいけないとか、決《き》まりごとはみんなの安全《あんぜん》のために作《つく》られているから」

［哲学的テーマ］
政治哲学――決まりに従う
［目的］
どんなとき、決まりを守るべきなのか。そして、なぜ決まりにしたがわなければならないか考える。

幼稚園や学校の決まりをいくつかあげてみましょう。

こんな理由が返ってきそうです

もし決まり《ルール》がみんなの安全《あんぜん》を守《まも》ってくれない場合《ばあい》はどう？　きけんな動《どう》物《ぶつ》が学校《がっこう》にまよいこんだら、ろうかを走《はし》ってにげなくてはならないよ。

「先生《せんせい》が、決まり《ルール》にしたがいなさいと言《い》うから」

もし、先生《せんせい》が「決まり《ルール》にしたがわないように」と言《い》ったらどうする？

学校《がっこう》には一日《いちにち》の終《お》わりにかたづけるという決まり《ルール》があるよね。でも、まだみんなが大《おお》きな絵《え》をかいているとちゅうだったので、先生《せんせい》が「かきかけの絵《え》も、ゆかの上《うえ》の紙《かみ》も、明日《あした》の朝《あさ》までそのままにしておきなさい」と言《い》ったらどうすればいい？

「決まり《ルール》はみんながたがいに協力《きょうりょく》するよう作《つく》られているから」

「決まり《ルール》はいろんなことがうまくいくよう作《つく》られているから」

決まり《ルール》にしたがうとかえってうまくいかない場合《ばあい》もあるんじゃないかな？　たとえば、大《おお》きな声《こえ》を出《だ》してはいけないという決まり《ルール》があるよね。

こんな反例をあげてさらに考えさせましょう

他にもこんな理由が返ってきそうです

他にもこんな理由が返ってきそうです

反論
これも反例による反論です

でも、耳《みみ》の悪《わる》い人《ひと》が来《き》たときには、ふつうの声《こえ》じゃ相手《あいて》に聞《き》こえないよ。

それでも、決まり《ルール》にしたがうべきなのかな?

No! したがわなくていい。

なぜ、場合《ばあい》によっては決まり《ルール》にしたがわなくていいの?

「先生《せんせい》が決まり《ルール》にしたがわなくていいと言《い》ったら、したがわなくていい」

「わたしたちの学校《がっこう》の決まり《ルール》を作《つく》る権限《けんげん》のない人《ひと》が作《つく》った決まり《ルール》にはしたがうべきでない」

「だれかがばかばかしい決まり《ルール》を作《つく》ったときには、したがうべきでない」

まとめ

どんなときに、そしてなぜわたしたちは決まり《ルール》にしたがうべきなんだろう。もう一度《いちど》、どんな場合《ばあい》があるか、たくさん出《だ》してみましょう。

こんな理由が返ってきそうです。例をあげてみましょう

他にもこんな理由が考えられます

例をあげてみましょう。「雨が降っていなくても外に出るときは必ず傘をさすこと」などという変な決まりとか

土屋陽介先生からの一言

決まり《ルール》について

ルールはなんのためにあるのかな。ルールを守らないと自分が痛い目にあったり、みんなが迷惑をしたりすることがある。だから、自分とまわりの人の幸せのためにルールはあるんだと、さしあたって考えることができる。

でも、ルールを守ることだけに縛られると、ルールのためのルールになっちゃうこともある。独裁者が勝手なルールをたくさん作って、みんなを苦しめる場合もある。

だったら、そういうときはルールに従わなくてもいいんだ！ って考えると、どんどん例外が作られてしまって、ルールがルールではなくなってしまう。どのルールには従わなくてよくて、どのルールには従ったほうがいいのかの区別はどんどん曖昧で恣意的になる。だから結局、ルールはルールだという理由で一律に守らなければならないのかもしれない。しかしそうすると、やっぱりルールは人を不幸にするかもしれない。どうしたらいいんだろう?

2

環境哲学

草地、
ゴミ、
リサイクル

グリーンヒル村《むら》

自然《しぜん》はそのままのほうがいいのかな？

お話

グリーンヒル村《むら》は美《うつく》しい田園《でんえん》にかこまれています。

そこには木《き》や野《の》の花《はな》や草地《くさち》がいっぱいあります。

ところが、この草地《くさち》の利用《りよう》について、村人《むらびと》たちの意見《いけん》が分《わ》かれました。

ミスター・グリーンは、草地《くさち》はそのままにしておくべきで、なにも建《た》てるべきでないという考《かんが》えです。

ミセス・ホームズは、草地《くさち》は家《いえ》を建《た》てるのに使《つか》うべきだと考《かんが》えます。

「この村《むら》にはホームレスの人《ひと》もいるんですよ。あの草地《くさち》に家《いえ》を建《た》てたら、かれらには住《す》むところができます」

ミセス・カーは、草地《くさち》を駐車場《ちゅうしゃじょう》にすべきだという意見《いけん》です。

「車《くるま》を止《と》めておく場所《ばしょ》が足《た》りません。だから駐車場《ちゅうしゃじょう》を作《つく》りましょう」

どうするのがいちばんいいかを決定《けってい》するために、村人《むらびと》たちはミー

［哲学的テーマ］
環境哲学――草地の利用
［目的］
草地はいつまでも草地のままにしておくべきなのか。なにを基準にしたらいいのか、考えてみましょう

ティングを開《ひら》きました。

Q グリーンヒル村《むら》のお話《はなし》を聞《き》いて、君《きみ》は草地《くさち》をどうすればいいと思《おも》う？　草地《くさち》はいつまでも草地《くさち》のままにしておくべきだと思《おも》う？

Yes!

草地《くさち》のままがいい。

それはどうして？

「そのほうがきれいだから」

「草地《くさち》にはかわいい動物《どうぶつ》や虫《むし》たちが住《す》んでいるから」

でも、もしその動物《どうぶつ》がきけんだったら？

「家《いえ》や駐車場《ちゅうしゃじょう》には他《ほか》の土地《とち》を使《つか》えばいいから」

「草地《くさち》は遊《あそ》び場《ば》になるから」

こんな理由が返ってきそうです

反論

他にどんな理由があるのか考えてみましょう

草地《くさち》はいつまでも草地《くさち》のままにしておくべきだと思《おも》うのね。でも、もしそんなことを昔《むかし》の人《ひと》が言《い》ってたら、今《いま》どこにも、家《いえ》も学校《がっこう》も駐車場《ちゅうしゃじょう》もないんじゃない？

No!

草地《くさち》のままにしておくべきじゃない。

なぜ、いつまでも草地《くさち》のままにしておくべきではないの？

「車《くるま》が多《おお》いので止《と》める場所《ばしょ》がたくさんいる。だから草地《くさち》は駐車場《ちゅうしゃじょう》にすべき」

車《くるま》は空気《くうき》をよごす（公害《こうがい》のもとになる）から、車《くるま》の数《かず》をへらしたほうがいいんじゃない？

「人《ひと》びとの住《す》む家《いえ》がもっと必要《ひつよう》だから」

「学校《がっこう》や病院《びょういん》を建《た》てる土地《とち》が必要《ひつよう》だから」

草地《くさち》は他《ほか》の目的《もくてき》に利用《りよう》すべきだって思《おも》うのね。でも、もしこの草地《くさち》がたっ

反論 過去の利用についても考えを広げましょう

こんな理由が返ってきそうです

反論 エコの観点から考えてみましょう

反論 で考えを広げましょう

た一《ひと》つ残《のこ》った最後《さいご》の草地《くさち》だったら、それでも他《ほか》の目的《もくてき》のために使《つか》うべきだと思《おも》う？

やってみよう

二《ふた》つの絵《え》をかいてみよう。一《ひと》つは畑《はたけ》と農夫《のうふ》の絵《え》。もう一《ひと》つはお店《みせ》のならんだ絵《え》。どちらの絵《え》が好《す》き？　それはなぜ？

まとめ

草地《くさち》はいつまでも草地《くさち》のままにしておくべきか？　もう一度《いちど》考《かんが》えてみましょう。どんな場合《ばあい》に残《のこ》しておくべきか、残《のこ》さないほうがいいのか、自分《じぶん》の考《かんが》えを整理《せいり》してみましょう。

土屋陽介先生からの一言

環境について

なんのために自然を守らなければいけないと思う？　多くの人たちは生態系を守らないといけないからと答えるけれど、それは、なんでかな？　生態系を守らないと自然のバランスがくずれるから？　そうすると人間が滅んでしまうから？　こんなふうに考えると、人間の利益のために、あるいは人間が利用するために環境を守ることになる。環境倫理学では、このような考えを人間中心主義というんだ。

これに対して、そもそも人間は環境があったからこそ生まれてきた存在で、自然は人間の都合で守るわけではなくて、そもそも守らなければならないものだという考え方がある。これを、ディープエコロジーというんだ。

君はどう思う？　グリーンヒル村の草地は自然のために残しておくべきかな？　人間が不幸になったとしても、そのままにしておいたほうがいいのかな？

象《ぞう》の水遊《みずあそ》び

自然《しぜん》にあるものはなくならないの？

［哲学的テーマ］
環境哲学——水のむだ使い
［目的］
水をむだ使いすることはどんな場合でも悪いことかを考えてみましょう

お話

ある日《ひ》、エメラルドという名前《なまえ》のゾウの女《おんな》の子《こ》が、ジャングルのなかを歩《ある》いていたときのことです。暑《あつ》さのあまりふうふう言《い》っていると、目《め》の前《まえ》に小《ちい》さな湖《みずうみ》があらわれました。

とてもきれいで、気持《きも》ちよさそうな水《みず》です。飲《の》むのにも水遊《みずあそ》びするのにもよさそうです。

エメラルドはその大《おお》きな足《あし》で水《みず》をバシャバシャはねちらしながら、湖《みずうみ》に入《はい》っていきました。

そして、大《おお》きな鼻《はな》で水《みず》をすいあげては、まわりの木《き》にふきつけました。

長《なが》い間《あいだ》、そうして水遊《みずあそ》びをしていると、しまいには湖《みずうみ》の水《みず》がなくなってしまいました。

「もう、遊《あそ》ぶのはおしまい。なにか他《ほか》のことをしようっと」エメラルドは言《い》いました。

ふり向《む》くと、友《とも》だちが走《はし》ってくるのが見《み》えました。ライオンのラーチとタイガーのタイタスです。

「のどがカラカラ。あの湖《みずうみ》でいっぱい水《みず》を飲《の》むぞ！」ラーチがさけんでいます。

「どろんこのなかで遊《あそ》んだから毛《け》がきたなくなっちゃった。おうちに帰《かえ》る前《まえ》にあらわなくちゃ」タイタスが言《い》います。

湖《みずうみ》の前《まえ》までやってくると、二人《ふたり》は足《あし》を止《と》め、じっと目《め》をこらしました。

「あのお水《みず》、全部《ぜんぶ》どこに行《い》っちゃったの？」とタイタス。

「へんだな、きのうはあんなにいっぱいあっ

たのに」とラーチ。

　あたりを見《み》まわした二人《ふたり》は、エメラルドに気《き》づきました。

「あそこのお水《みず》、どうなったか知《し》らない？」ラーチがたずねます。

「水遊《みずあそ》びしてて、お水《みず》を全部《ぜんぶ》木《き》にふきかけちゃったみたい」エメラルドは答《こた》えました。

「えっ、みんなが飲《の》んだりあらったりするのに使《つか》うお水《みず》を、全部《ぜんぶ》むだ使《づか》いしたってこと？」タイタスが言《い》いました。

「ごめんなさい。あんまりむちゅうになってて、どのくらいお水《みず》を使《つか》ってるかがわからなくなってたの」エメラルドはあやまりました。

「じゃあ、どこか他《ほか》に水《みず》のあるところをさがさなくては。しばらく雨《あめ》はふりそうにないから、ここにまた水《みず》がたまるのはずっと先《さき》だよ」

ラーチはそう言《い》うと、タイタスといっしょに林《はやし》のなかへもどって行《い》きました。

　エメラルドはひとり、そこに残《のこ》されました。

　エメラルドは気《き》づかずに水《みず》をむだ使《づか》いしてしまったことを、とても後悔《こうかい》しました。

Q エメラルドが水《みず》をむだ使《づか》いしたのは悪《わる》いことだと思《おも》う？

Yes! 悪《わる》い。

なぜ悪《わる》いことなの？

「飲《の》み水《みず》がなくなったから」

「あらうための水《みず》がなくなったから」

「水遊《みずあそ》びするための水《みず》がなくなったから」

「木《き》や草《くさ》に必要《ひつよう》な水《みず》がなくなったから」

「他《ほか》の動物《どうぶつ》たちのために水《みず》を残《のこ》しておかなかったエメラルドは自分勝手《じぶんかって》だから」

No! 悪《わる》くない。

なぜ、悪《わる》くないと思《おも》うの？

こんな理由が返ってきそうです

「エメラルドは水遊《みずあそ》びを楽《たの》しんでいたから」

「次《つぎ》の雨《あめ》で湖《みずうみ》にはまた水《みず》がたまるから」

「別《べつ》の場所《ばしょ》に水《みず》はあるから」

Q　水《みず》をむだ使《づか》いすることは、どんな場合《ばあい》でも悪《わる》いことだと思《おも》う？

Yes!　どんな場合《ばあい》でも悪《わる》い。

どうして水《みず》のむだ使《づか》いはいつでも悪《わる》いことなの？

「いつか水《みず》がなくなってしまうかもしれないから」

「私《わたし》たちは生《い》きていくのに水《みず》を飲《の》まなくてはならないから」

「なにかをあらったりトイレを流《なが》したりするのには水《みず》が必要《ひつよう》だから」


水《みず》のむだ使《づか》いはいつでも悪《わる》いことだって言《い》ったよね。では、こんな場合《ばあい》はどう？

①じゃぐちから出《で》てくる水《みず》がきたなくて、きれいな水《みず》になるまで出《だ》し続《つづ》け

こんな理由が返ってきそうです

こんな理由が返ってきそうです

いくつか反例をあげて、一つ一つについて考えさせます

なくてはならない。
②雨《あめ》がすごくふる場所《ばしょ》で、いくら水《みず》を使《つか》っても足《た》りなくはならない。
それでも、やっぱり水《みず》をむだ使《づか》いすることは悪《わる》いことだと思《おも》う？


この二《ふた》つの場合《ばあい》と、エメラルドが水《みず》をむだ使《づか》いした場合《ばあい》とのちがいはなんだと思《おも》う？

「エメラルドの湖《みずうみ》の水《みず》はきれいで、いくらでもあるわけじゃない。でも、①の場合《ばあい》は水《みず》がきたないし、②の場合《ばあい》では水《みず》がいくらでもある」


No!

いつでも悪《わる》いことじゃない。

どうして、いつでも悪《わる》いことではないの？

「また雨《あめ》がふって、水《みず》がたまるから」

「どんなに使《つか》ってもだいじょうぶなくらい、たっぷり水《みず》がある場合《ばあい》もあるから」

「水《みず》がきたなくて、そのせいで人《ひと》が病気《びょうき》になる場合《ばあい》もある。そんなときは

こんな答えが引き出せるといいですね

こんな理由が返ってきそうです

水《みず》をすてなくてはならないから」

やってみよう

だれかが水《みず》をむだ使《づか》いしている場面《ばめん》の絵《え》をかきましょう。それがどうして悪《わる》いことかを説明《せつめい》してね。

まとめ

水《みず》をむだ使《づか》いすることはどんな場合《ばあい》も悪《わる》いことでしょうか？　いろいろな場合《ばあい》について、考《かんが》えてみましょう。

【設定を変える】
マーティンと犬のスポットがおうちのプールで遊んでいます。でも、あまりに多くの水をはねちらかしたので、しまいには水がなくなってしまいました。そこへ、お兄さんのマイケルが学校から帰ってきました。プールで遊ぼうと思っていたマイケルは、ひどくがっかりしました。

ゴミ箱《ばこ》ベニー

リサイクルはなぜしなくてはいけないの？

［哲学的テーマ］
環境哲学――リサイクル
［目的］
リサイクルはすべきか、またその理由はなにかを考えましょう

お話

ミセス・グリーンがゴミのいっぱい入《はい》ったふくろを持《も》って、うら口《ぐち》から出《で》てきました。

「このゴミはすべて正《ただ》しいゴミ箱《ばこ》に入《い》れて、ちゃんとリサイクルしないとね」自分《じぶん》に言《い》いきかせ、新聞《しんぶん》は紙《かみ》を入《い》れる箱《はこ》に、ペットボトルはプラスチックのための箱《はこ》に、グラスはガラスのための箱《はこ》に入《い》れました。

大《だい》まんぞくで家《いえ》に入《はい》ろうとしたところ、どこからかしてくる声《こえ》に思《おも》わず足《あし》を止《と》めました。

「ぼくのなかにつっこまれる、きたならしいゴミの山《やま》にはうんざりだ」

ミセス・グリーンはびっくりしました。

しゃべっているのは、なんとゴミ箱《ばこ》の一《ひと》つです。

「あなた、だれ？」

「ベニーだよ」

「あなたにゴミはいらないって言《い》われたら、わたしはゴミをどうすればいいの？」

「ぜーんぶ、お庭《にわ》にすてたらいい」

「とんでもない。そんなことできないわ。ゴミをリサイクルすることはとっても大事《だいじ》なのよ」

　するとベニーが言《い》い返《かえ》しました。

「そんなことないよ！　まとめて庭《にわ》にすてるほうがうんとかんたんだ。きたないものは家《いえ》の人《ひと》にしか見《み》えないし、それもすぐにくさってなくなるから」

Q

ゴミは全部自分《ぜんぶじぶん》の庭《にわ》にすてればいいとベニーは言《い》ったよね。それはいい考《かんが》えだと思《おも》う？

Yes!

いい考《かんが》え。


　どうしてそれがいい考《かんが》えなの？

「ベニーが言《い》うように、ゴミをいちいち仕分《しわ》けするより、ゴミを全部《ぜんぶ》ただ庭《にわ》にすてるほうがラクだしはやい。だから、そうしてもかまわない」

ときにはまちがったことをするほうがラクなこともあるよ。たとえば、子《こ》ども部屋《べや》をかたづけるより、かたづけないほうがラクでしょ。

「ゴミをすてるのは自分《じぶん》の庭《にわ》。だから、もしミセス・グリーンがゴミを庭《にわ》にすてたければ、そうすればいい」

「紙《かみ》はくさってなくなるから、庭《にわ》はすぐにまたきれいになる」

ガラスやプラスチックはくさらないし、自然《しぜん》にはなくならないよ。

No!

いい考《かんが》えじゃない。

どうしてベニーの考《かんが》えはいい考《かんが》えじゃないと思《おも》うの？

「いつもゴミを仕分《しわ》けしていたら、だんだんそれになれてはやくなるから」

「近所《きんじょ》の人《ひと》にもミセス・グリーンの庭《にわ》のゴミが見《み》えるから」

反論

こんな理由が返ってきそうです

反論

こんな理由が返ってきそうです

「ミセス・グリーンは自分《じぶん》の庭《にわ》にゴミを置《お》きたくないかもしれない」

「ゴミのなかには、ガラスやプラスチックのように、くさらないでずっと残《のこ》るものもあるから」

つづき

「いいえ、ゴミを庭《にわ》にすてるなんてできないわ」

ミセス・グリーンは言《い》いました。

「ゴミはリサイクルしないといけないの。なぜなら、ゴミは他《ほか》のものに作《つく》りかえられるからよ。それにゴミは見《み》た目《め》にもきたならしいし、庭《にわ》にゴミがあったら、野菜《やさい》を作《つく》れないわ」

Q　ミセス・グリーンは、ゴミは庭《にわ》にすてたりしないで、リサイクルすべきだって言《い》ってるよね。この考《かんが》えは正《ただ》しいと思《おも》う？

Yes!　**正《ただ》しい。**

なぜ、正《ただ》しいと思《おも》うの？

「もう一度《いちど》使《つか》えるものをすてるのはもったいないから」
「ゴミをすてなかったら、庭《にわ》は野菜《やさい》を作《つく》ったり、遊《あそ》んだり、役立《やくだ》つことに使《つか》えるから」
「ゴミは見《み》た目《め》にきたならしいから」

ゴミのなかにはきたなくないものもあるよ。色《いろ》のきれいなイスとか。
「自分《じぶん》の庭《にわ》なのだから、ミセス・グリーンがゴミをすてたくなかったら、すてなくてていい」

No!
正《ただ》しくない。

なぜミセス・グリーンの考《かんが》えは正《ただ》しくないと思《おも》うの？
「新聞《しんぶん》はいつかくさってなくなるので、庭《にわ》はいつかまたきれいになって、また野菜《やさい》を作《つく》れるようになる」

こんな理由が返ってきそうです

反論 きれいなゴミには他にどんなものがあるかな？

こんな理由が返ってきそうです

ガラスやプラスチックはくさらないから、いつまでもなくならないよ。

「ゴミのなかにはリサイクルできなくて、なににも作《つく》りかえられないものがある。たとえば紙《かみ》オムツや電球《でんきゅう》はリサイクルができない」

「ゴミのなかにはガラスの花《か》びんのように、きれいなものもある」

でも、ほとんどのゴミがきたならしくてくさいんじゃない？

まとめ

いろんなゴミが入《はい》った箱《はこ》を持《も》ってきて、リサイクルできるものとできないものに分《わ》けてみましょう。そして、もう一度《いちど》、ゴミはリサイクルすべきか、またその理由《りゆう》について考《かんが》えてみましょう。

反論

くさらなくて、いつまでもなくならないゴミには、他にどんなものがあるかな？

反論

土屋陽介先生からの一言

環境について 2

もうすこし、環境のお話を考えてみよう。現在地球に住んでいる私たちが、地球を汚して、これから何万年も人を住めなくさせるとしたら、それって現在中心主義なんじゃないかな？ 現在の人類の利益とか、居心地のよさのために、未来の人類が不幸になってもいいのかな？

もうひとつ、先進国だけが資源を使ってもいいのかな？ 水などの資源にしても、ゴミのリサイクルにしても、先進国中心主義でいいのかな？

最初に考えた公平な配分のことも思い出してみよう。環境資源の公平な配分は、現代人だけでなく未来人も同じテーブルに座らせた状態で考えるべきじゃない？ また、先進国の人たちだけでなく途上国の人たちのことも考えて配分しなければ、公平じゃないんじゃない？ どこかが独占してしまうのは不公平にはならないのかな？ いろいろ考えてみてほしい。

3

社会哲学

友だち
と
人間関係

こぐまの友《とも》だち

友《とも》だちってなんだろう①

［哲学的テーマ］
社会哲学――
いい友だちとは？
［目的］
いい友だちとはどんな友だちかを考えましょう

お話

こぐまのセオドーが新《あたら》しい学校《がっこう》にはじめて行《い》った日《ひ》のことです。
セオドーは教室《きょうしつ》に連《つ》れて行《い》かれ、お母《かあ》さんは帰《かえ》ってしまいました。

Q

このとき、セオドーはどんな気持《きも》ちだったと思《おも》う？

「こわい」「心配《しんぱい》」「さみしい」「わくわくしている」「楽《たの》しい」

つづき

教室《きょうしつ》には、こぐまがいっぱいいます。
みんな友《とも》だちです。

同じような体験があれば、そのときの気持ちを話させます

Q

セオドーに友《とも》だちになりたいという気持《きも》ちを伝《つた》えるのに、他《ほか》のこぐまたちはどんなことができると思《おも》う？ いっぱい思《おも》いついてね。紙《かみ》に書《か》いてみよう。

「教室《きょうしつ》のなかを案内《あんない》する」
「いっしょに遊《あそ》ぼうとさそう」
「話《はな》しかける」
「自分《じぶん》の名前《なまえ》を教《おし》える」
「手《て》をつなぐ」
「クレヨンをいっしょに使《つか》う」
「コートのボタンをとめるのを手伝《てつだ》う」

Q

いい友《とも》だちになる方法《ほうほう》はいろいろあるけど、いくつかのグループに分《わ》けられないかな？ たとえば、こんな分《わ》け方《かた》はどう？

①なにかをいっしょにする——いっしょに遊《あそ》ぶとか。

こんな返事が返ってきそうです。たくさんの答えをリストにしてみましょう。そして一つ一つについて考えてみましょう

提案してみましょう

②なにかをいっしょに使《つか》う――クレヨンなど。
③やさしさを動作《どうさ》でしめす――手《て》をつなぐとか。
④助《たす》け合《あ》う――コートを着《き》るのを手伝《てつだ》うとか。

考えてみよう

こんな場合《ばあい》は、いい友《とも》だちになれるかな？　それとも、いい友《とも》だちにはなれない？　理由《りゆう》も話《はな》してね。

・スーザンが「いっしょにサッカーをしよう」とジョンをさそいました。
・メアリーとジョンはいっしょに犬《いぬ》を散歩《さんぽ》させました。
・デイビッドはジムに「自転車《じてんしゃ》をかしてあげない」と言《い》いました。
・メアリーが宿題《しゅくだい》をするのに必要《ひつよう》な本《ほん》をさがしていたので、ジェニーは手《て》伝《つだ》ってあげました。
・スーザンがころんでひざをけがしたのに、スコットはしらんふりでどこかに行《い》ってしまいました。
・デイビッドがひとりぼっちですわっていたので、ジェームズは話《はな》しかけに行《い》きました。

まとめ

いい友《とも》だちとはどんな友《とも》だちか？　どうしたらいい友《とも》だちになれるのか、考《かんが》えてみましょう。

ウイリアムとアーサー

友《とも》だちってなんだろう②

［哲学的テーマ］
社会哲学——
友情とシェアすること
［目的］
友だちとはなんでも分かち合うべきかを考えましょう

お話

ウイリアムとアーサーは友《とも》だちです。

ある日《ひ》、二人《ふたり》はウイリアムの家《いえ》の庭《にわ》にいました。

「今日《きょう》はぼくのボールを使《つか》ったらダメ！」とウイリアムが言《い》いました。

アーサーはびっくりしました。

「そのボールを使《つか》わせてくれなかったら、いっしょにサッカーができないじゃない。だったら、ぼくは家《いえ》に帰《かえ》るよ」

そう言《い》うなり、アーサーは走《はし》って家《いえ》に帰《かえ》ってしまいました。

残《のこ》されたウイリアムには、サッカーをする相手《あいて》がいません。

次《つぎ》の日《ひ》、学校《がっこう》でウイリアムはアーサーにあやまり、教室《きょうしつ》ではならんですわりました。

二人《ふたり》は一《いっ》さつの本《ほん》をいっしょに使《つか》わなくてはなりません。

アーサーはその本《ほん》を先《さき》に使《つか》いたかったので、言《い》いました。

「ぼくが終《お》わったあとなら使《つか》っていいよ」

「でも、ぼくだってこの問題《もんだい》をすぐにしないといけないんだよ」

ウイリアムは言《い》い返《かえ》しました。でも本《ほん》はアーサーが先《さき》に使《つか》いました。

ウイリアムはアーサーにはらを立《た》てました。問題《もんだい》を終《お》えるのがおそくなり、先生《せんせい》によく思《おも》われなかったからです。

休《やす》み時間《じかん》には、ウイリアムはアーサーと口《くち》をききませんでした。

でも下校時間《げこうじかん》になると、二人《ふたり》ともつまらないけんかをしていたと感《かん》じ、仲直《なかなお》りすべきだと思《おも》いました。

「これからはなんでもいっしょに使《つか》おうね。そうするのが友《とも》だちだから」

ウイリアムが言《い》いました。アーサーもそのとおりだと思《おも》いました。

Q ウイリアムとアーサーが友《とも》だちでなくなったのはいつだと思《おも》う？

二人《ふたり》がサッカーボールや本《ほん》をいっしょに使《つか》わなくなったとき。

これが正解でいいでしょうか

Q 友《とも》だちとはなんでも分《わ》かち合《あ》うべきだと思《おも》う？

Yes! 分《わ》かち合《あ》うべき。

それはどうして？

「なにかを分《わ》かち合《あ》えば、相手《あいて》を大切《たいせつ》に思《おも》っていることが伝《つた》えられるから」

「友《とも》だちとなにかを分《わ》かち合《あ》うと気持《きも》ちがいいから」

「友《とも》だちとなにかを分《わ》かち合《あ》うと、友《とも》だちもまたなにかを分《わ》かち合《あ》ってくれるから」

「なにかをいっしょに使《つか》わないとできないことがあるから。たとえばサッカーとか」


友《とも》だちとはなんでも分《わ》かち合《あ》うべきだって思《おも》うのね。だったら、かぜを引《ひ》いたときはどう？　それも友《とも》だちと分《わ》かち合《あ》うべきだと思《おも》う？

こんな理由が返ってきそうです

こんな反例をあげて考えさせます

Q 友《とも》だちと分《わ》かち合《あ》うべきでないものには、どんなものがあるかな？

「悪《わる》いものすべて。かぜとか」

「自分《じぶん》の名前《なまえ》。みんなが同《おな》じ名前《なまえ》だったらややこしいから」

「お母《かあ》さん。自分《じぶん》にとって特別《とくべつ》な人《ひと》だから」

No! なんでもかんでも分《わ》かち合《あ》うべきじゃない。

それはどうして？

「分《わ》かち合《あ》わなくても友《とも》だちでいられるから」

「自分《じぶん》だけのものにしておくほうが、気持《きも》ちがいい場合《ばあい》もあるから」


ひとりじめするのは自分勝手《じぶんかって》じゃないかな？


「よくないものは友《とも》だちと分《わ》かち合《あ》うべきでない」

「お母《かあ》さんのような、自分《じぶん》にとって特別《とくべつ》なものは分《わ》かち合《あ》えない」


こんな理由がありそうです。いろいろ提案しましょう

こんな理由が返ってきそうです

反論

やってみよう

友《とも》だちと分《わ》かち合《あ》いたいものを二《ふた》つ、分《わ》かち合《あ》いたくないものを一《ひと》つ、書《か》くか、絵《え》にかいて、その理由《りゆう》も話《はな》してね。

まとめ

友《とも》だちとはなんでも分《わ》かち合《あ》うべきなのか？　特別《とくべつ》なもの、たとえばお母《かあ》さんも分《わ》かち合《あ》うことができるのかな。もう一度《いちど》考《かんが》えてみましょう。

エマとサリー

友《とも》だちってなんだろう③

［哲学的テーマ］
社会哲学――協力
［目的］
協力するのはいいことかどうかを考えましょう

お話

エマがサリーのおうちに遊《あそ》びに行《い》きました。

げんかんで、声《こえ》をかけます。

「外《そと》で遊《あそ》ばない？」

ところが、サリーは言《い》いました。

「部屋《へや》をかたづけるまで外《そと》に出《で》られないの」

「そう。だったら、いっしょにかたづけましょう。そのほうがはやく終《お》わって、長《なが》い間遊《あいだあそ》べるわ」

「それはいい考《かんが》えね」

二人《ふたり》でかたづけると、あっという間《ま》に部屋《へや》はきれいになりました。

「いっしょにかたづけるのって楽《たの》しいね」サリーが言《い》いました。

二人《ふたり》が公園《こうえん》で遊《あそ》べるよう、サリーのママがいっしょに道路《どうろ》をわたってくれました。

「三〇分《さんじゅっぷん》くらいでもどって来《き》ますから、待《ま》っててね。自分《じぶん》たちだけであの道路《どうろ》をわたっちゃだめよ」サリーのママはそう言《い》って、帰《かえ》って行《い》きました。

「ねえ、こっちに来《き》て。シーソーで遊《あそ》ぼうよ。ひとりじゃ上《あ》がったり下《さ》がったりできないもん」とエマ。

でも、サリーは「いやよ、つかれてるから」と言《い》います。

サリーがベンチで休《やす》んでいるので、エマはつまらなさそうにシーソーにひとりですわっているしかありません。

エマはおうちに帰《かえ》りたくなりました。それで言《い》いました。

「もう行《い》こうよ。わたし、おうちに帰《かえ》りたい。あの道路《どうろ》、いっしょにわたればきっとだいじょうぶだよ」

でもサリーは「ダメ、ママがむかえに来《く》るまで待《ま》たなくちゃ」と言《い》います。

エマはとうとう泣《な》きだしてしまいました。

「おうちに帰《かえ》りたい。おねがい、いっしょに道路《どうろ》をわたって」

「いや！」

ちょうどそのとき、サリーのママが公園《こうえん》に入《はい》って来《く》るのが見《み》えました。

「待《ま》っててくれたのね。よかった！」サリーのママが言《い》いました。

そして、みんなで道路《どうろ》をわたりました。

Q

エマとサリーはお部屋《へや》をかたづけるときには協力《きょうりょく》した（力《ちから》を合《あ》わせていっしょにした）のに、シーソーで遊《あそ》ぶことや、二人《ふたり》で道路《どうろ》をわたることには、サリーが協力《きょうりょく》しようとしなかったよね。他《ほか》の人《ひと》と協力《きょうりょく》するのは、いつでもいいことだと思《おも》う？

Yes!

いつでもいいこと。

どうして協力《きょうりょく》するのはいつでもいいことだと思《おも》うの？

「サリーの部屋《へや》をかたづけたときのように、そのほうがいろんなことがはやく終《お》わるから」

「協力《きょうりょく》するのは楽《たの》しいから」

こんな理由が返ってきそうです

協力《きょうりょく》が楽《たの》しくないときもあるんじゃない？　たとえば、つかれているときや、相手《あいて》のことが嫌《きら》いなときとか。

「協力《きょうりょく》するほうがやさしいから」

「協力《きょうりょく》するほうが親切《しんせつ》だから」

「協力《きょうりょく》するほうが思《おも》いやりがあるから」

まちがっていることに協力《きょうりょく》してほしいと言《い》われたときはどう？　たとえば、子《こ》どもだけで道路《どうろ》をわたるとか、なにかをぬすむとか。やっぱり協《きょう》力《りょく》するほうが親切《しんせつ》だと思《おも》う？

「協力《きょうりょく》しておくと、自分《じぶん》が手伝《てつだ》ってもらいたいときに手伝《てつだ》ってもらえそうだから」

No!

いつでもいいことだとは言《い》えない。

それはどうして？

「親切《しんせつ》でないことや、自分勝手《じぶんかって》なことや、まちがったことに協力《きょうりょく》してほし

反論

こんな反例で考えを広げます

こんな理由が返ってきそうです

いと言《い》われることもあるから。たとえば、エマは道路《どうろ》を自分《じぶん》たちだけでわたろうと言《い》ったけど、それはまちがっているので、協力《きょうりょく》するのはいいことじゃない」

「協力《きょうりょく》したくないときもあるから。つかれすぎて協力《きょうりょく》できないときとか」

つかれているときに、相手《あいて》がすごく大事《だいじ》なことで協力《きょうりょく》してほしいと言《い》ったらどうする？

「むずかしすぎて、自分《じぶん》にはちゃんとできそうにないことをたのまれることもある」

まとめ

他《ほか》の人《ひと》に協力《きょうりょく》するのはどんな場合《ばあい》でもいいことか？　もう一度《いちど》考《かんが》えてみましょう。

反論

他にもどんなことがあるか考えてみましょう

土屋陽介先生からの一言

友だちについて

友だちって何だろう。定義をするのは本当にむずかしい。知り合いと友だち、親友と友だち、恋人と友だちはどう違うのか、ひとりひとり感覚が違うみたいなんだ。

友だちには、そもそも「告白の儀式」がない。告白していないのに「僕は彼女と付き合っている」なんて言ったらあぶないやつだけど、友だちなら、ありだよね。

親友と友だちは違うカテゴリーだと考える人もいれば、友だちの中で特に親しい人のことを親友だと考える人もいる。親友と喧嘩すると修復が不可能になるという人もいる。逆に、親友だからこそ喧嘩できる、友だちとは面倒だから喧嘩しない、そう考える人もいる。

友だちと助け合うのはすばらしいことだけど、それが悪いことだったらどうかな？　大事な友だちに誘われたのであれば、犯罪に手を貸したり、不正に加担したりしてもいいかな？　友だちを大事に思ってすることが社会正義とぶつかるような場合、あなただったらどうする？

羊《ひつじ》のメーシー

みんなちがっていていいの？

［哲学的テーマ］
社会哲学――他とちがうということ
［目的］
他のみんなとちがうことがいいことかどうかを考えましょう

お話

デスの牧場《ぼくじょう》の羊《ひつじ》たちはみんな同《おな》じ。メーシーだけがちがいます。

ある日《ひ》、メーシーは牧場《ぼくじょう》のすみっこで、ひとり静《しず》かに草《くさ》を食《た》べていました。

他《ほか》の羊《ひつじ》たちはみんないっしょに、デスが運《はこ》んできたエサを食《た》べています。

メーシーはこっそり思《おも》いました。

「わたしのほうがみんなより、うんとたくさん食《た》べられるわ」

そのあと、メーシーと羊《ひつじ》たちはバットとボールで遊《あそ》びました。

バットでボールを打《う》つことができたのはメーシーだけでした。

メーシーは思《おも》いました。

「わたしだけができるって、いい気分《きぶん》！」

夕方《ゆうがた》になりました。

メーシーは牧場《ぼくじょう》で、足《あし》を高《たか》くふり上《あ》げておどっています。

他《ほか》の羊《ひつじ》たちが、見物《けんぶつ》にやってきました。

「羊《ひつじ》はおどったりしないよ」みんなが言《い》います。

でも、メーシーはおどるのが楽《たの》しすぎて、やめられません。

Q

みんなとちがうことはいつでもいいことだと思《おも》う？
それとも、いつだってよくないことだと思《おも》う？
または、いいときと悪《わる》いときがあると思《おも》う？

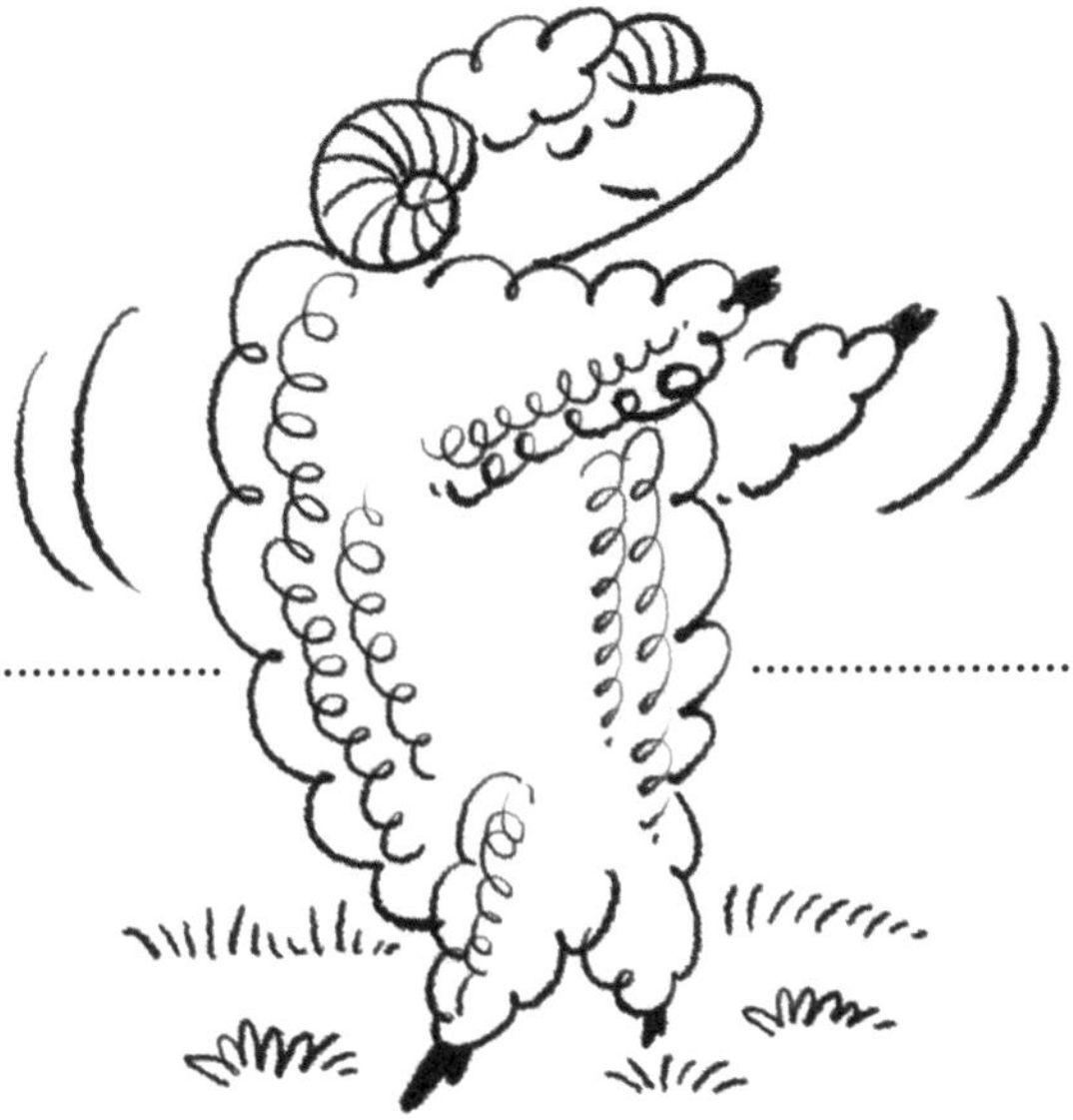

Yes! いつでもいいこと。

なぜ、みんなとちがうことはいつでもいいことなの？
「みんなと同《おな》じでない自分自身《じぶんじしん》でいることはかっこいいから」

少しくらいみんなと同《おな》じでも、自分自身《じぶんじしん》でいられるんじゃない？

「他《ほか》の人《ひと》にできないことができることで、みんなとちがっているだけかもしれないから」
「みんなとちがっているために、ほめられたり感心《かんしん》されたりすることもあるから」

みんなとちがっていることはいつだっていいことだって思《おも》うのね。
では、メーシーのお話《はなし》の続《つづ》きを読《よ》んでみようね。
次《つぎ》の日《ひ》もメーシーはあいかわらず他《ほか》の羊《ひつじ》たちとはちがっているけど、今《こん》回《かい》、メーシーはみんなに意地悪《いじわる》なの。それでも、メーシーがみんなとちがうことはいいことだと思《おも》うかな？

反論

こんな理由が返ってきそうです

つづき

次《つぎ》の日《ひ》もメーシーはひとり、牧場《ぼくじょう》のすみっこで、しずかに草《くさ》を食《た》べています。

でもそれは、メーシーが他《ほか》の羊《ひつじ》たちに「ここの草《くさ》は食《た》べちゃだめ!」と、どなったからでした。

そのあと、メーシーはみんなと遊《あそ》びました。

今日《きょう》もバットとボールを使《つか》う遊《あそ》びです。

今日《きょう》もバットでボールを打《う》つことができるのはメーシーだけです。

そこでメーシーはボールを他《ほか》の羊《ひつじ》めがけて打《う》って、けがをさせようとしました。

その日《ひ》の夕方《ゆうがた》にもまた、メーシーは足《あし》を高《たか》くふり上《あ》げておどっていました。

他《ほか》の羊《ひつじ》たちが見物《けんぶつ》にやってきました。

「羊《ひつじ》はおどったりしないよ」また、かれらは言《い》いました。

でも、メーシーはおどっていたのではありません。

他《ほか》の羊《ひつじ》たちをけろうとしていたのです。

No!

みんなとちがうのは、いつだってよくない。

なぜ、よくないの？

「他《ほか》の人《ひと》とちがっていたら、みんながやっていることに入《はい》れないから」

「みんなとちがっていたら、そのグループに入《はい》っているという気《き》がしないから」

「みんなとちがっていたら、笑《わら》われるかもしれないから」

みんなとちがうのは、いつだってよくないと思《おも》うのね。

でも、ちょっと考《かんが》えてみて。

最初《さいしょ》の日《ひ》、メーシーは他《ほか》の羊《ひつじ》たちとちがっていたけど、それはメーシーが他《ほか》の羊《ひつじ》よりたくさん食《た》べられたり、おどれたり、ボールを打《う》つことができたからだったよね。この場合《ばあい》、メーシーが他《ほか》の羊《ひつじ》たちとちがうことはいいことじゃないの？

では、こんな場合《ばあい》はどう？

もしみんなが完全《かんぜん》に同《おな》じで、顔《かお》や体《からだ》も、言《い》うことも、考《かんが》えも、名前《なまえ》も同《おな》

こんな理由が返ってきそうです

反論

反論

さらに考えを広げます

じだったら、どうなると思《おも》う? こまるよね。だったら、ちがっているこ
とはいいことなんじゃないかな? 全部《ぜんぶ》じゃなく、いくつかの点《てん》でみんな
がちがっているのはいいことなのでは?

Yes! & No! いいときと悪《わる》いときがある。

なぜ、場合《ばあい》によって、いいときと悪《わる》いときがあると思《おも》うの?
「他《ほか》の人《ひと》よりなにかを上手《じょうず》にやれるなら、ちがっているのはいいこと」
「だれもきずつけていないなら、ちがっていることはいいこと」
「自分《じぶん》だけがまちがったことをしていて、他《ほか》の人《ひと》たちは正《ただ》しいことをして
いる場合《ばあい》には、みんなとちがっていることはよくない。たとえば、自分《じぶん》だ
けがいたずらをしているときや、自分《じぶん》だけが算数《さんすう》の問題《もんだい》で答《こた》えがまちがっ
ているときとか」
「みんなとちがっているせいで笑《わら》われたりいじめられたりする場合《ばあい》は、ち
がっていることはいいことじゃない」

いろいろあげてみましょう

まとめ

他《ほか》のみんなとちがっていることはよいことかどうか？　もう一度《いちど》考《かんが》えてみましょう。

みんなとちがっていることで、いじめられたら、むしするか、大人《おとな》に相《そう》談《だん》しましょう。

土屋陽介先生からの一言

違いについて

みんな違ってみんないい——そういう価値観を持って生きている人は多い。でも、その人がまわりに迷惑をかけている場合には困ってしまうこともあるかもしれない。確かに、多数の人がスムーズにいくことをある程度は優先せざえるをえない場合もある。でも、たとえば病気などの理由によってみんなと同じことができない人がいるときに、そういう人をまわりに迷惑がかかるからと言って排除するのは間違っている気がする。

別の角度からも考えてみよう。中央アジアのいくつかの国々では、男性が気に入った女性を誘拐して強制的に結婚する「誘拐結婚」という風習が残っている。みんな違ってみんないいのなら、このような風習もそうした国々の「文化」として認めるべきかな？　それとも、人権の観点から介入してやめさせた方がいいかな？

同じことを日本の風習についても考えてみよう。国際的な人権団体が「土下座は悪習で人権侵害にあたるから即刻廃止せよ」と言ってきたらどうする？　日本の文化なのだから放っておいてくれと言うべきかな？　同じ団体が「相撲は不健康だからやってはいけない」と言ってきたら？　「鯨漁をやめろ」と言ってきた場合は？

大《おお》きなこぐまは転校生《てんこうせい》

仲間《なかま》を作《つく》ること

［哲学的テーマ］
社会哲学――仲間に入れる
［目的］
誰かを仲間に入れるのはいつでもいいことかどうかを考えましょう

お話

大《おお》きなこぐまの一家《いっか》がひっこしてきました。

今日《きょう》は大《おお》きなこぐまにとって、新《あたら》しい学校《がっこう》での一日目《いちにちめ》です。

大《おお》きなこぐまが教室《きょうしつ》に入《はい》って見《み》まわすと、他《ほか》のこぐまたちはみんないそがしそうです。

字《じ》を書《か》いたり、絵《え》をかいたり、遊《あそ》んだりしています。

二《に》ひきのこぐまがブロックでなにかを作《つく》っているのが見《み》えました。

大《おお》きなこぐまはブロック遊《あそ》びが大好《だいす》きです。

そこで、大《おお》きなこぐまは二《に》ひきのこぐまに言《い》いました。

「ぼくもいっしょに遊《あそ》んでいい？」

二《に》ひきのこぐまは大《おお》きなこぐまを見上《みあ》げて言《い》いました。

「だめ！」

Q なぜ、こぐまたちは大《おお》きなこぐまといっしょに遊《あそ》ばないって言《い》ったのかな？

「もう一《いっ》ぴきが入《はい》れる場所《ばしょ》がなかったから」

「ブロックの数《かず》が少《すく》ないので、もう一《いっ》ぴきが入《はい》ると足《た》りなくなるから」

「大《おお》きなこぐまのことが好《す》きじゃなかったから」

「二《に》ひきのこぐまがやさしくなかったから」

つづき

大《おお》きなこぐまはそこをはなれ、また教室《きょうしつ》のなかをうろうろしました。

すると別《べつ》のこぐまが二《に》ひき、プレイハウスのなかで遊《あそ》んでいるのが見《み》えました。

「あの子《こ》たちはいっしょに遊《あそ》んでくれるかな」

大《おお》きなこぐまはハウスのドアをノックして、言《い》いました。

「なかに入《はい》っていっしょに遊《あそ》んでいい？」

「もちろんだよ。君《きみ》、ぼくたちのクラスに入《はい》ったの？」とたずねます。

いろんな理由が返ってきそうです

「うん。今日《きょう》が一日目《いちにちめ》なんだ」大《おお》きなこぐまはうれしそうに言《い》いました。

Q

なぜこのこぐまたちは大《おお》きなこぐまといっしょに遊《あそ》ぼうって言《い》ったんだと思《おも》う？

「自分《じぶん》たちの遊《あそ》びに大《おお》きなこぐまが必要《ひつよう》だったから」
「大《おお》きなこぐまのことが好《す》きだったから」
「大《おお》きなこぐまをかわいそうだと思《おも》ったから」
「このこぐまたちは親切《しんせつ》だったから」

Q

最初《さいしょ》のこぐまたちは大《おお》きなこぐまを仲間《なかま》に入《い》れなかったけど、次《つぎ》のこぐまたちは入《い》れてあげたよね。どんなときも、だれでも、仲間《なかま》に入《い》れてあげるべきだと思《おも》う？

いろんな理由がありますね

Yes!

いつでも入《い》れるべき。

どうして、いつでも入《い》れるべきなの？

「そのほうがだれもがハッピーになるから」

「その人《ひと》をがっかりさせなくてすむから」

もしその人《ひと》を仲間《なかま》に入《い》れるとグループの他《ほか》のみんなががっかりするとしたらどう？　そんなときは、その人《ひと》を仲間《なかま》に入《い》れるべきじゃないのでは？

「人《ひと》に親切《しんせつ》にすることは大事《だいじ》だから」

だれでもどんなときでも仲間《なかま》に入《い》れてあげるべきだって思《おも》うのね？　でも、その人《ひと》がみんなに意地悪《いじわる》だったとしたら？

No!

いつでも入《い》れるべきだとは思《おも》わない。

なぜだれでもいつでも仲間《なかま》に入《い》れてあげるべきだとは思《おも》わないの？

こんな理由が返ってきそうです

反論

ほかにも理由があるか引き出しましょう

反例をあげてさらに考えを広げます

「意地悪《いじわる》な人《ひと》は仲間《なかま》に入《い》れなくていいから」

仲間《なかま》に入《い》れてあげたら、意地悪《いじわる》でなくなるかもしれないよ。

「その人《ひと》のことを好《す》きじゃなかったら、仲間《なかま》に入《い》れなくてもかまわない」

もしだれも君《きみ》のことを好《す》きじゃなかったら、仲間《なかま》はずれになっても仕方《しかた》ないと思《おも》う？

「人数《にんずう》が多《おお》くなりすぎたり、場所《ばしょ》が足《た》りなかったりして、人数《にんずう》がふえると遊《あそ》びがつまらなくなるときには仲間《なかま》に入《い》れなくていい」

「その人《ひと》が入《はい》るとおもちゃの数《かず》が足《た》りないなら仲間《なかま》に入《い》れなくていい」

まとめ

ほんとうにそうなのかな？　いつでも他《ほか》の人《ひと》を仲間《なかま》に入《い》れてあげるべきなのかいろいろな場合《ばあい》について、考《かんが》えてみましょう。

反論 こんな理由が返ってきそうです

反論 さらに考えを引き出しましょう

土屋陽介先生からの一言

自分と違う人を受け入れること

友だちと仲間の違いはなんだろう。「仲間」は目的さえ共有していれば、たとえ友情がなくても成り立つけど、「友だち」はそうはいかない。逆に言えば、自分たちとは価値観が大きく違っていて「友だち」にはなれそうにない人でも、「仲間」として自分たちのコミュニティのなかに入れてあげることはできるかもしれない。これは、最近話題になっている移民の問題などにも大きくかかわってくることだよね。

移民が多く住むオーストリアでは、文化的、宗教的なバックグラウンドが違う子が同じ教室にたくさんいる。学校の先生が言うことと、家の人が言うことが必ずしも同じではないそうなんだ。なので、そういう教室では、お互いに違いを違いとして認め合って話し合うことしかできないから、違う考えを持つ人たち同士でどうやって話し合っていけばよいかを授業の中で教えることがある。お互いに他者を排除しないで共生していくために、話し合いの仕方を教えること自体が道徳の教育だと考えられているんだ。

4

倫理

美徳と悪徳

サムの「親切《しんせつ》の日《ひ》」

親切《しんせつ》って、どんなこと？

［哲学的テーマ］
倫理――親切
［目的］
親切とはどういう意味か、また人にはいつでも親切にすべきかどうかを考えましょう

お話

ある日《ひ》のこと。お母《かあ》さんがサムにききました。

「今日《きょう》はなにをするの？」

サムが答《こた》えます。

「今日《きょう》は『親切《しんせつ》の日《ひ》』にするんだ。みんなに親切《しんせつ》にするんだよ」

すると、お母《かあ》さんが言《い》いました。

「なんていいアイデアなんでしょ。でも、親切《しんせつ》って、どんなことをするの？」

Q 人《ひと》に親切《しんせつ》にするために、サムになにができると思《おも》う？
紙《かみ》に書《か》きだしてみよう。

Q

君《きみ》が書きだしたことが親切《しんせつ》だと言《い》えるのはなぜ？

「人《ひと》のめんどうを見《み》ているから」
「人《ひと》となにかを分《わ》け合《あ》っているから」
「人《ひと》になにかをあげているから」
「人《ひと》を助《たす》けているから」

サムが親切《しんせつ》にする理由《りゆう》が、単《たん》にお返《かえ》しがほしいからだとしたら、どう？
それでも親切《しんせつ》だと言《い》えると思《おも》う？

Q

親切《しんせつ》になるための方法《ほうほう》がいろいろわかったけど、人《ひと》にはいつでも親切《しんせつ》にすべきだと思《おも》う？

Yes!

いつでも親切《しんせつ》にすべき。

なぜ人《ひと》にはいつでも親切《しんせつ》にすべきなの？

こんな理由が返ってきそうです。どれかにあてはまったものはありますか

反論

さらに考えを広げます

「人《ひと》に親切《しんせつ》にしていると、その人《ひと》たちにも親切《しんせつ》にしてもらえるから」

もしだれかに親切《しんせつ》にしている理由《りゆう》が、その人《ひと》からお返《かえ》しに親切《しんせつ》にしてもらいたいからだけだとしたら、それはほんとうの親切《しんせつ》って言《い》えるかな？

「相手《あいて》がよろこぶから」
「親切《しんせつ》にするのが正《ただ》しいから」
「いつでも人《ひと》には親切《しんせつ》にしなさいとおとなが言《い》うから」

人《ひと》にはいつでも親切《しんせつ》にすべきだって言《い》うけど、もしその人《ひと》が意地悪《いじわる》だったらどうだろう？　それでもその人《ひと》に親切《しんせつ》にすべきだと思《おも》う？

No!

場合《ばあい》によっては親切《しんせつ》でなくていい。

どうして場合《ばあい》によっては親切《しんせつ》にしなくていいの？
「自分《じぶん》に親切《しんせつ》でない人《ひと》には親切《しんせつ》にする必要《ひつよう》はないから」

こんな理由が返ってきそうです

反論 ほかにもこんな理由が返ってきそうです

反論 どうしたらいいか、考えてみましょう

いろんな理由が考えられます

「すごく悪《わる》いことをした人《ひと》には親切《しんせつ》にすべきでないから」
「他《ほか》の人《ひと》に親切《しんせつ》にしたせいで、自分《じぶん》がすごくしたかったことができなくなる場合《ばあい》もある」

それはただ自分勝手《じぶんかって》なだけなんじゃない？

まとめ

親切《しんせつ》とはどういうことか？　親切《しんせつ》にはどんな意味《いみ》があるのか。人《ひと》にはいつでも親切《しんせつ》にすべきか？　もう一度《いちど》考《かんが》えてみましょう。

反論

カースティのうそ

ほんとうのことを話《はな》すべきなの？

〔哲学的テーマ〕
倫理――真実を話す
〔目的〕
どんなときでも本当のことを言うべきかどうかを考えましょう

お話

ある日《ひ》、お母《かあ》さんがカースティにききました。

「うら口《ぐち》の階段《かいだん》にあるおもちゃ、かたづけてくれた？」

「ええ、もちろんかたづけたわ」カースティは答《こた》えました。

でも、ほんとうはかたづけていません。

だから、カースティはまだおもちゃの車《くるま》と人形《にんぎょう》が、階段《かいだん》の上《うえ》にあることを知《し》っています。

「いい子《こ》ね」お母《かあ》さんは言《い》いました。「おかたづけがすんだのなら、いっしょにご本《ほん》を読《よ》みましょう」

ソファにすわり、お母《かあ》さんが本《ほん》を読《よ》みはじめました。

しばらくして、お母《かあ》さんが外《そと》を見《み》ると、雨《あめ》がふっています。

「たいへん！　せんたくものがぬれちゃう！」

さけび声《ごえ》をあげ、お母《かあ》さんはキッチンをぬけて、うら口《ぐち》のドアを開《あ》けました。

そこで、カースティの車《くるま》と人形《にんぎょう》につまずきました。

ドスン！

大《おお》きな音《おと》を立《た》てて、お母《かあ》さんは階段《かいだん》から落《お》ちてしまいました。立《た》ち上《あ》がろうとすると、足首《あしくび》にけがをしていました。

Q カースティははじめからお母《かあ》さんにほんとうのことを言《い》うべきだったと思《おも》う？

お話《はなし》の続《つづ》きを読《よ》んでみようね。

答えだけでなく、その理由もたずねましょう

つづき

カースティのおうちに、ある日《ひ》、おばあちゃんがやってきました。カースティはおばあちゃんが大好《だいす》きです。おばあちゃんが来《く》ると、いつもとても楽《たの》しいのです。

おばあちゃんが言《い》いました。

「今日《きょう》はカースティにプレゼントがあるの」

カースティはわくわくしました。

おばあちゃんがバッグからぼうしを取《と》り出《だ》しました。

「このぼうし、カースティのためにおばあちゃんが作《つく》ったのよ」

カースティはそのぼうしを見《み》るなり思《おも》いました。

「なんてダサいぼうしなの。いやだ。こんなのぜったいかぶれない」

でも、カースティは言《い》いました。

「すてきなぼうし！　大好《だいす》きよ。学校《がっこう》にかぶって行《い》くね」

おばあちゃんはニコニコしました。

「気《き》に入《い》ってくれてよかったわ。カースティにぴったりの材料《ざいりょう》をさがすのは大変《たいへん》だったのよ」

Q

カースティはおばあちゃんにほんとうのことを言《い》うべきだったと思《おも》う？

「カースティはお母《かあ》さんにはほんとうのことを言《い》うべきだったけど、おばあちゃんにはほんとうのことを言《い》わなくてよかった」

Q

それはどうして？

なぜカースティはお母《かあ》さんにはほんとうのことを言《い》うべきで、おばあちゃんには言《い》わなくてよかったと思《おも》うの？

Q

カースティがお母《かあ》さんとおばあちゃんにほんとうのことを言《い》うべきだったかどうかを話《はな》し合《あ》ってきたよね。それでは、私《わたし》たちはいつでもほんとうのことを言《い》うべきだと思《おも》う？

Yes!

いつでもほんとうのことを言《い》うべき。

こんな返事が返ってきそうです

答えだけでなく、その理由もたずねましょうそれはどうして？

こんな理由が返ってきそうです

「ほんとうのことを言《い》わないのはまちがっているから」

「ほんとうのことを言《い》わないと、悪《わる》いことをした気持《きも》ちになるから」

「いつでもほんとうのことを言《い》いなさいと、お父《とう》さんやお母《かあ》さんが言《い》うから」

「ほんとうのことを言《い》わないとこまったことになるから」

反論

ほんとうのことを言《い》ってないことにだれも気《き》づかないし、ぜったいにこまったことにならないとしたらどう？　それなら、ほんとうのことを言《い》わなくてもいいと思《おも》う？

「ほんとうのことを言《い》わないと、だれかをきずつけるから」

反論

ほんとうのことを言《い》ったら相手《あいて》がきずつくこともあるよ。たとえば、カースティがほんとうのことを言《い》ったら、おばあちゃんはきずついたんじゃない？

No!

場合《ばあい》によっては、ほんとうのことを言《い》うべきでない。

それはなぜ？　どうして場合《ばあい》によってはほんとうのことを言《い》うべきじゃないの？

「もしほんとうのことを言《い》ったらほしいものが手《て》に入《はい》らないときは、ほんとうのことを言《い》うべきじゃない（たとえば、カースティはおもちゃをかたづけたと言《い》わなかったら、お母《かあ》さんに本《ほん》を読《よ》んでもらえなかった）」

ほんとうのことを言《い》わないのは悪《わる》いことなんじゃない？　もしだれかにうそをつかれたら、どんな気持《きも》ちがすると思《おも》う？

「ほんとうのことを言《い》ったら相手《あいて》の気持《きも》ちがきずつく場合《ばあい》は、ほんとうのことを言《い》うべきでない」

「ほんとうのことを言《い》わないことで相手《あいて》が幸せになるなら、ほんとうのことを言《い》わなくていい」

「だれかにほんとうのことを言《い》わないようにと言《い》われたときは、ほんとうのことを言《い》うべきじゃない」

反論

いろんな理由が返ってきそうです。反論や反例で議論を楽しみましょう

もし、その人《ひと》がなにか悪《わる》いことをしていて、ばれるのをいやがっていたとしたら、それでもほんとうのことを言《い》うべきじゃないと思《おも》う？

やってみよう

カースティが好《す》きになりそうなぼうしの絵《え》をかいてみよう。そんなぼうしだったら、カースティはおばあちゃんにほんとうのことを言《い》えたかな？ そのとき、カースティはどう言《い》ったと思《おも》う？

まとめ

いつでもほんとうのことを言《い》うべきか？ 具体的《ぐたいてき》な場面《ばめん》をあげてみましょう。

こんな反例で考えを広げましょう

魔法《まほう》の言葉《ことば》

「ありがとう」を言《い》うために

［哲学的テーマ］
倫理――感謝の言葉を言う
［目的］
どんなときに、また、なぜ「ありがとう」と言うべきかを考えましょう

お話

魔法使《まほうつか》いが、ある日《ひ》、たなから魔法《まほう》の本《ほん》を取《と》り出《だ》しました。

「今日《きょう》はどんな魔法《まほう》にしようかな」

次《つぎ》から次《つぎ》へとページをめくっていくうちに、魔法《まほう》の言葉《ことば》のページが見《み》つかりました。

「さて、どの言葉《ことば》に魔法《まほう》をかけようかな。うん、この『ありがとう』っていうのがよさそうだ」

魔法使《まほうつか》いは本《ほん》にのっているじゅもんを唱《とな》えながら、いろんなビンからスプーンで粉《こな》をすくって、つぼのなかでまぜ合《あ》わせました。

「さあ、この薬《くすり》を学校《がっこう》にもって行《い》って、すべての教室《きょうしつ》にふりかけよう。きっと子《こ》どもたちは『ありがとう』の言葉《ことば》をわすれず言《い》うようになるだろう」

教室《きょうしつ》に粉《こな》をふりかけたあと、魔法使《まほうつか》いはじっとすわって、子《こ》どもたちの言葉《ことば》に耳《みみ》をかたむけました。
魔法《まほう》がきいて、その日《ひ》は一日中《いちにちじゅう》、子《こ》どもたちがなんども「ありがとう」と言《い》っていたので、魔法使《まほうつか》いは大満足《だいまんぞく》でした。

Q

どんなときに「ありがとう」って言《い》う？
紙《かみ》に書《か》いて考《かんが》えてみよう。

Q

「ありがとう」という言葉《ことば》はいつでも言《い》うべきだと思《おも》う？
反対《はんたい》に、ぜったいに言《い》うべきではないと思《おも》う？
それとも、場合《ばあい》によって言《い》うべきだと思《おも》う？

Yes!

いつでも言《い》うべき。

だれからもなにももらってなくても「ありがとう」と言《い》うべきだと思《おも》う？
なにかをほしいと言《い》ったにもかかわらず、くれなかった人にも「ありがと

反論

う」と言《い》うべきなの？

No!

ぜったいに言《い》うべきじゃない。

もし、だれかにすごくほしかったすてきなものをもらったら、お礼《れい》を言《い》わないのは失礼《しつれい》じゃない？

Yes! & No!

場合《ばあい》によって言《い》うべき。

では、どんなときに「ありがとう」と言《い》うべきだと思《おも》う？

「だれかからなにかをもらったとき」

でも、そのだれかが君《きみ》に意地悪《いじわる》だったら？　その人《ひと》が君《きみ》をなぐったり、もらったものがこわれたものだったりしたら？

「やさしい人《ひと》からなにかをもらったとき」

「もしだれかから次《つぎ》から次《つぎ》へと物《もの》をもらったら、『ありがとう』と言《い》うの

反論

反論

こんなふうにも言えますね

は一度《いちど》でいい。毎回《まいかい》、言《い》わなくていい」

Q なぜ「ありがとう」と言《い》うべきなの？

「ありがとうを言《い》わなかったら、ほしいものがもらえないから」

だったら、もし「ありがとう」と言《い》わなくてもほしいものが手《て》に入《はい》るなら、「ありがとう」は言《い》わなくていいと思《おも》う？

「ありがとうを言《い》いわすれたら、相手《あいて》は気分《きぶん》がよくないから」
「ありがとうと言《い》いなさいと、お母《かあ》さんに言《い》われるから」
「ありがとうと言《い》うと、感《かん》じのいい人《ひと》だと思《おも》われるだろうから」
「ありがとうと言《い》うのはぎょうぎがよくて、相手《あいて》をそんけいすることになるから」
「ありがとうと言《い》わないのはまちがっているから」

こんな理由が返ってきそうです

反論

いろんな理由が返ってきそうです

Q どうして「ありがとう」と言《い》わないのはまちがっているの？　理由《りゆう》を言《い》ってみてね。

まとめ

どんなとき、なぜ「ありがとう」と言《い》うべきなのかな？　もう一度《いちど》考《かんが》えてみましょう。

「ありがとう」と言《い》う場合《ばあい》の理由《りゆう》は、次《つぎ》の三《みっ》つに分《わ》けられるよね。

①れいぎ正《ただ》しいほうがいいから。
②「ありがとう」と言《い》ったほうが、ほしいものがもらえそうだから。
③お母《かあ》さんにそうするよう言《い》われるから。

話し合いましょう

以下の三つに整理してみます。

①道徳的理由
②自分の利益のため
③権威がもたらした判断

土屋陽介先生からの一言

徳について

「勇敢」とか「親切」とかのように、その人の人柄や性格に関わるすぐれた点のことを、倫理学では「徳」と呼ぶ。このような「徳」はどのようにすれば身につけることができるかという問いは、古代ギリシャ以来多くの哲学者や倫理学者たちによって論じられているんだ。

たとえば、困っている人を見たら思わず助けてあげようとすることは、親切であるために必要なことだけど、それだけではまだ親切という徳が備わったことにはならない。困っている人に対してどのような行動をとることが「親切な行動」になるかは、状況に応じて変わるからだ。たとえば、麻薬中毒のホームレスの人がいた場合、その人が困っているからといってただお金をあげても、それはちっとも親切な行動にはならない。なぜなら、その人はお金が手に入ったら、きっとまた麻薬を買ってますます困難な状況に追い込まれてしまうからだ。どのような状況においてどのような行動をとることが「親切な行動」になるのか、ということについての知恵は、人生経験を積み重ねていくなかで少しずつ身につけていくしかない。アリストテレスは、このような知恵のことを「フロネーシス」と呼んで、フロネーシスを使いこなせるようになって人ははじめて有徳な人物になると考えたんだ。

けちんぼテッド

プレゼントのお返《かえ》しについて

【哲学的テーマ】
倫理──贈り物をする
【目的】
プレゼントをもらったときに、お返しのプレゼントをしなくてもかまわないかどうかを考えましょう

お話

三《さん》びきのこぐまが、友《とも》だちにあげるプレゼントを二《ふた》つずつ持《も》ちよりました。

まず、ボブがプレゼントをわたします。

一《ひと》つをティムに、もう一《ひと》つをけちんぼテッドにあげました。

次《つぎ》はティムの番《ばん》です。

一《ひと》つをボブに、もう一《ひと》つをけちんぼテッドにあげました。

けちんぼテッドの番《ばん》になりました。

ところが、けちんぼテッドは「ぼくのプレゼントはだれにもあげたくない」と言《い》い出《だ》しました。「これはすごくステキなプレゼントだから、ぼくがほしい」

これには、ティムもボブもびっくりです。

「でも、ぼくたちは君《きみ》にプレゼントをあげたよ」ボブが言《い》います。
すると、けちんぼテッドは、こんなふうに言《い》い返《かえ》しました。
「ただお返《かえ》しがほしくてプレゼントをくれたんなら、そんなのプレゼントとは言《い》えないよ」

Q

けちんぼテッドはプレゼントをもらっておきながら、自分《じぶん》はプレゼントをあげなかったね。それでも、別《べつ》にかまわないと思《おも》う？

Yes!

かまわない。

どうして、かまわないの？
「けちんぼテッドは、自分《じぶん》のプレゼントが大好《だいす》きだから」
「あげたくないなら、あげなくてもかまわないから」

したくないことを、しなくちゃならないときもあるよ。子《こ》ども部屋《べや》のか

反論

いろいろな理由が考えられます

たづけとか。

「プレゼントはお返《かえ》しを期待《きたい》しないでするべきものだから。物《もの》を買《か》う（お金《かね》をわたして品物《しなもの》を受《う》け取《と》る）のとはちがう」

「プレゼントをもらったからといって、お返《かえ》しにプレゼントをあげる必要《ひつよう》はないから」

二度《にど》もプレゼントをもらっていながら、自分《じぶん》は一度《いちど》もプレゼントをあげないのは自分勝手《じぶんかって》なんじゃない？

No!

お返《かえ》しをしないのはよくない。

なぜよくないの？

「プレゼントをもらったら、お返《かえ》しにプレゼントをあげるべきだから」

バースデーパーティに呼《よ》ばれたときは、プレゼントを持《も》っていくけど、お返《かえ》しのプレゼントはないよ。

反論

こんな理由が返ってきそうです

普通の場合とバースデーパーティの場合のプレゼントはどう違うのでしょう

「プレゼントをあげないで自分《じぶん》のものにしておくのは、自分勝手《じぶんかって》で、よくばりで、友《とも》だちに対《たい》する感謝《かんしゃ》の気持《きも》ちがない」
「けちんぼテッドはボブとティムに友《とも》だちらしいことをしていない。友《とも》だちはたがいにやさしくするはずなのに、けちんぼテッドはボブとティムにやさしくない」

考えてみよう

お返《かえ》しをもらわなくても平気《へいき》な場合《ばあい》と、お返《かえ》しをもらわないとはらが立《た》つ場合《ばあい》をいくつか考《かんが》えてみて。二《ふた》つのケースはどうちがうのかな？

まとめ

プレゼントをもらったとき、お返《かえ》しのプレゼントは必《かなら》ずするべき？　しなくてもいい？　もう一度《いちど》考《かんが》えてみましょう。

他にもこんな理由が返ってきそうです。けちんぼはやさしくないのかも考えさせましょう

自《じ》分《ぶん》本《ほん》位《い》なカバ

自《じ》分《ぶん》勝《かっ》手《て》はいけないの？

〔哲学的テーマ〕
倫理——利己的
〔目的〕
「利己的（自分本位）」の意味と、それは悪いことかどうかを考えましょう

お話

とっても暑《あつ》い日《ひ》のことです。

カバのハリーは水《みず》たまりで体《からだ》を冷《ひ》やしていました。

そこに三《さん》びきの別《べつ》のカバがやってきて、その水《みず》たまりに入《はい》ろうとしました。

「入《はい》ったらダメ。ぼくのまわりがぎゅうぎゅうになっちゃう！」ハリーが大声《おおごえ》をあげました。

すると一《いっ》ぴきが言《い》いました。

「バカな、じゅうぶん広《ひろ》いじゃないか。まあ、いい。ぼくたちはよそに行《い》って、君《きみ》のことはほっといてやるよ」

そのあと、ハリーは友《とも》だちをさがしに出《で》かけました。

とちゅう、たおれた木《き》に手《て》がはさまったサルを見《み》かけました。

「ハリー、この木《き》をどかしてくれよ」サルがたのみます。

「いやだね。そんなことしたら、ぼくがけがしちゃうよ」ハリーはそう言《い》って、歩《ある》き去《さ》りました。

友《とも》だちが見《み》つかりました。かれらはなにかを食《た》べています。

「それ、ぼくも食《た》べていい？」ハリーがききました。

「いいよ」友《とも》だちが言《い》います。

するとハリーは、そこにあった食《た》べもののほとんどを、ひとりじめしてしまいました。

「みんなのために、少《すこ》し残《のこ》しておいてくれよ」だれかが言《い》いました。

ところが、ハリーは「いやだね。全部《ぜんぶ》ほしいんだもん」と言《い》います。そして、そこにあっ

た食《た》べもののほとんどをたいらげ、どこかに行《い》ってしまいました。

Q どんなところが、ハリーは〝自分《じぶん》のことしか考《かんが》えていない〟と思《おも》う？

「水《みず》たまりをひとりじめして、他《ほか》のカバに使《つか》わせなかったこと」
「自分《じぶん》がけがするかもしれないからといって、こまっているサルを助《たす》けなかったこと」
「みんなの食《た》べものをほとんど食《た》べてしまったこと」

Q このお話《はなし》のタイトルは「自分本位《じぶんほんい》なカバ」だけど、「自分本位《じぶんほんい》」ってどういう意味《いみ》だと思《おも》う？

「なにかを他《ほか》の人《ひと》と分《わ》かち合《あ》わないこと」
「他《ほか》の人《ひと》を助《たす》けないこと」

お返《かえ》しになにかいいものをもらえそうだからという理由《りゆう》で、だれかを助《たす》

こんな理由が返ってきそうです

こんな理由が返ってきそうです

反論
考えを広げます

けたり、なにかを分《わ》かち合《あ》ったりしたら、それでも、その人《ひと》は自分本位《じぶんほんい》でないと言《い》えるかな？

「自分《じぶん》に得《とく》にならないかぎり、なにかを分《わ》かち合《あ》ったり、他《ほか》の人《ひと》を助《たす》けたりしないこと」

「自分《じぶん》のことだけを考《かんが》えて、他《ほか》の人《ひと》のことは考《かんが》えないこと」

Q 自分本位《じぶんほんい》なことは悪《わる》いことだと思《おも》う？

Yes! **悪《わる》い！**

なぜ悪《わる》いの？

「みんなのことを大切《たいせつ》にすべきだから」

「自分本位《じぶんほんい》な人《ひと》はいい人《ひと》じゃないから」

「他《ほか》の人《ひと》を助《たす》けると気持《きも》ちいいから」

こんな理由はどうでしょう

こんな理由が返ってきそうです

「自分本位《じぶんほんい》だと、友《とも》だちがいなくなるから」
「自分本位《じぶんほんい》な人《ひと》は、助《たす》けてほしいときにだれにも助《たす》けてもらえないから」

自分《じぶん》も助《たす》けてもらいたいからという理由《りゆう》で人《ひと》を助《たす》けたとしたら、それも自分本位《じぶんほんい》だと言《い》えるんじゃない？

No!

悪《わる》くない！

なぜ自分本位《じぶんほんい》なことは悪《わる》くないと思《おも》うの？
「自分《じぶん》にとって大事《だいじ》なことをやり通《とお》すためには、自分《じぶん》をいちばんに考《かんが》えなければならない場合《ばあい》もあるから」

その人《ひと》にとっては大事《だいじ》かもしれないけど、それはほんとうに大事《だいじ》なのかな？ たとえば、大事《だいじ》なことというのが、好《す》きなテレビ番組《ばんぐみ》を見《み》ることだったら、どう思《おも》う？
「他《ほか》の人《ひと》も自分本位《じぶんほんい》だから、自分《じぶん》も自分本位《じぶんほんい》でいい」

反論

こんな理由が返ってきそうです

反論

例をあげて考えを広げましょう

他《ほか》の人《ひと》が悪《わる》いことをしているからといって、自分《じぶん》も悪《わる》いことをしていいということにはならないよ。

「他《ほか》の人《ひと》と分《わ》かち合《あ》わないで、自分《じぶん》だけのものにしておく方《ほう》がいい場合《ばあい》もある。たとえば、算数《さんすう》の問題《もんだい》の答《こた》えは他《ほか》の子《こ》と分《わ》かち合《あ》わない方《ほう》がいい」

やってみよう

だれかが自分本位《じぶんほんい》になっている場面《ばめん》の絵《え》をかいてみよう。四《よん》コママンガがかけるなら、挑戦《ちょうせん》してみよう。

まとめ

自分《じぶん》さえよければいいと思《おも》うことが「自分本位《じぶんほんい》」の意味《いみ》なのかな？　それは悪《わる》いことなのかな？　もう一度《いちど》考《かんが》えてみましょう。

反論

自分本位でもかまわない場合の例をあげましょう

なまけものの毛虫《けむし》

なまけものは悪《わる》いこと？

［哲学的テーマ］
倫理——怠惰
［目的］
怠惰なのは悪いことだろうか？　そのせいで自分だけがそんする場合と、他の人もそんする場合の両方について考えましょう

お話

毛虫《けむし》のシャーロットが、お庭《にわ》の石《いし》の上《うえ》にねころがっています。

お日《ひ》さまが照《て》り、シャーロットはぽかぽかしてねむくなりました。

しばらくすると、おなかがすいてきました。

シャーロットが好《す》きな食《た》べものは、畑《はたけ》にある葉《は》っぱです。でも、シャーロットはなまけものなので、畑《はたけ》まで行《い》くのがめんどうです。

そのうち、ますますおなかがすいてきました。

それでもなまけもののシャーロットは、動《うご》きたくありません。

とうとうがまんができないくらい、おなかがすいてきました。

そこで仕方《しかた》なく、葉《は》っぱをさがしに行《い》くことにしました。

目《め》を開《あ》けると、もう夜《よる》でした。

あたりはまっくら。

畑《はたけ》まで行《い》く道《みち》が見《み》つかりません。

おなかはぺこぺこ。

おまけにお日《ひ》さまがしずんでしまったせいで、寒《さむ》くてたまりません。

Q シャーロットがなまけものなのは悪《わる》いことだと思う？

Yes! 悪《わる》い。


どうして悪《わる》いと思《おも》うの？

「だらだらしてばかりいると、なにもやり終《お》えられないから」

「なまけものだったせいで寒《さむ》くておなかがぺこぺこになったから」


雪《ゆき》のなかで遊《あそ》んでいたせいで、寒《さむ》くておなかがぺこぺこになったとしたら？　その場合《ばあい》もなにか悪《わる》いことをしたのかな？

反論

こんな理由が返ってきそうです

No!

悪《わる》くない。

シャーロットがなまけものなのが、なぜ悪《わる》くないの？

「なにもしないでいるのが気持《きも》ちいいこともあるから」

「ねむくてなにもしないときは、なまけているのではないから」

いつもねむいせいでなにもしない人《ひと》は、なまけものではないの？

つづき

よく日《じつ》、シャーロットはお庭《にわ》の池《いけ》まで行《い》くことにしました。

そこには、カエルのフィフィがいました。

「こんにちは」シャーロットは声《こえ》をかけました。「なにしてるの？」

「子どもたちに食《た》べさせるハエを集《あつ》めてるの。手伝《てつだ》ってくれない？」

フィフィが言《い》いました。

「わたし？　無理《むり》」シャーロットは答《こた》えました。

シャーロットはなまけものなので、だれの手伝《てつだ》いもしません。

フィフィはハエをつかまえ続《つづ》けました。

反論

こんな理由が返ってきそうです

でも、時間《じかん》がかかり、そのうちおなかをすかした子《こ》ガエルたちが、泣《な》きはじめました。

「おねがい、シャーロット、手伝《てつだ》って！」フィフィがさけびました。

それでも、シャーロットは手伝《てつだ》いません。

ただずっと日《ひ》なたにすわって、なまけていたいからです。

フィフィがたっぷりハエをつかまえるまで、かわいそうに子《こ》ガエルたちはおなかがペコペコのまま、長《なが》い間《あいだ》、待《ま》ち続《つづ》けなくてはなりませんでした。

Q　では、今回《こんかい》、シャーロットがなまけものなのは悪《わる》いことだと思《おも》う？

Yes!　**悪《わる》い。**

どうして悪《わる》いの？

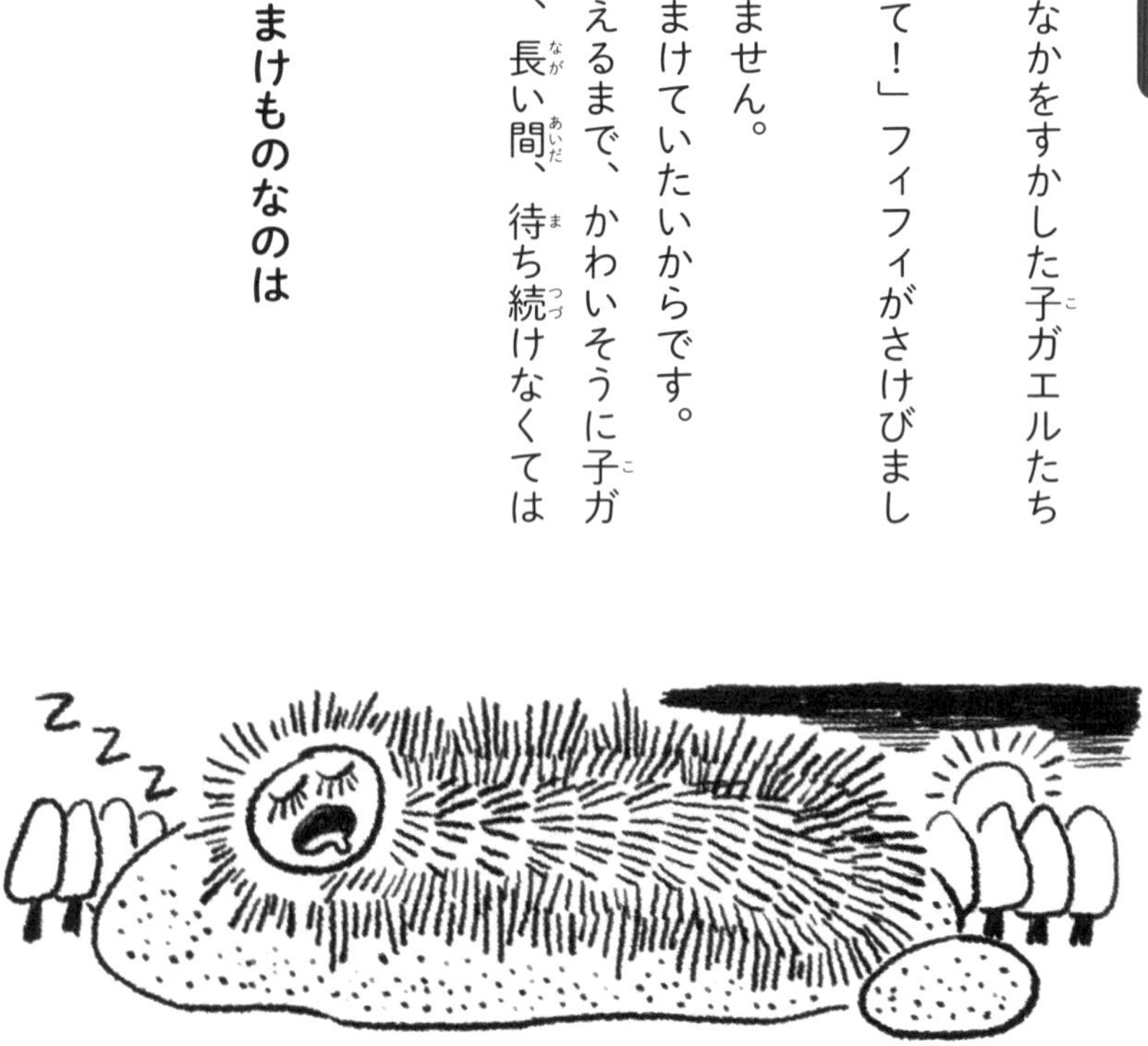

「シャーロットが手伝《てつだ》わなかったせいで、他《ほか》のものたちがつらい目《め》にあったから」

「シャーロットは手伝《てつだ》いをたのまれたのに手伝《てつだ》わなかったから。手伝《てつだ》いをたのまれたときには、いつでも手伝《てつだ》うべき」

Q　だれかの手伝《てつだ》いをすでに五回《ごかい》もした人《ひと》が、またたのまれたとしたら、ことわるのはまちがっていると思《おも》う？

Q　悪《わる》いことの手伝《てつだ》いでも、たのまれたら手伝《てつだ》うべきだと思《おも》う？　たとえば、ぬすみとか。

No!　悪《わる》くない。

シャーロットがなまけものなのが、どうして悪《わる》くないの？

「だらだらするのは楽《たの》しいから」

なにかをするのが楽《たの》しいこともあるよ。

反論

二つの例を出してみます。それぞれについて、考えてみましょう

「自分《じぶん》の子《こ》どもに食《た》べさせるのは母親《ははおや》の仕事《しごと》で、シャーロットの仕事《しごと》ではないから」

フィフィの子《こ》どもはおなかがすいていたし、シャーロットはひまで、手《て》伝《つだ》えたのに手伝《てつだ》わなかったんだよ。

「シャーロットはひなたぼっこを楽《たの》しんでいたのだから、なまけていてもかまわない」

もしひなたぼっこをしているときに、友《とも》だちが転《ころ》んでひざをけがしたのになにもしなかったとしたら、まちがってない？

まとめ

自分《じぶん》だけがそんする場合《ばあい》と、他《ほか》の人《ひと》もそんする場合《ばあい》のそれぞれで、なまけものでいることは悪《わる》いことかどうか？　もう一度《いちど》考《かんが》えてみましょう。

反論

【設定を変える】

シャーロットの家には食べものがまったくありません。でも、シャーロットはなまけものなので、買いものに行くのがめんどうです。

そのうち、おなかがペコペコになりました。

よく日、となりの家のフィフィがやってきて言いました。

「四人の子どもたちのために、食べものを買いに行かなくちゃならないの。運ぶのを手伝ってくれない？」

でも、なまけもののシャーロットはことわりました。

食《く》いしんぼうのウサギ

よくばりなのは悪《わる》いこと？

［哲学的テーマ］
倫理――欲
［目的］
どんな場合でも食いしんぼうだったりよくばりなのは悪いことかどうかを考えましょう

お話

パンケーキという名《な》のウサギがいました。

パンケーキは食《た》べるのが大好《だいす》き。どんなに食《た》べても、いつもおなかがペコペコです。

パンケーキのお庭《にわ》には、草《くさ》やたんぽぽの葉《は》っぱがいっぱいあって、一日中《いちにちじゅう》もぐもぐ食《た》べ続《つづ》けてもなくなりません。

パンケーキはかい主《ぬし》のマークから、ラビットフードを朝《あさ》にボウル一《いっ》ぱいと、夕方《ゆうがた》にもボウル一《いっ》ぱい、もらっていました。

それでもパンケーキには足《た》りません。

朝《あさ》にはとなりの庭《にわ》に入《はい》って、モリーからにんじんをもらい、夕方《ゆうがた》には向《む》かいのうちに行《い》って、バーバラからレタスをもらっていました。

こんなことがずいぶん長《なが》く続《つづ》いたある日《ひ》のことです。

モリーと話《はな》していたマークは、パンケーキがモリーからにんじんをもらっていたことを発見《はっけん》しました。

つまり、パンケーキは朝食《ちょうしょく》を二回《にかい》とっていたのです。

バーバラから毎《まい》ばんレタスをもらっていたことも、発見《はっけん》しました。

つまり、パンケーキは夕食《ゆうしょく》も二回《にかい》とっていたのです。

マークはパンケーキに言《い》いました。

「これからは朝食《ちょうしょく》も夕食《ゆうしょく》も一回《いっかい》だけだよ。モリーにも、バーバラにも、おまえに食《た》べものをあげないでくれとたのんだからね」

パンケーキはとってもみじめな気持《きも》ちになりました。ずっとお庭《にわ》から出《で》ないで、かなしそうに草《くさ》をもぐもぐ食《た》べ続《つづ》けました。

Q

あんなにたくさん食《た》べたパンケーキは食《く》いしんぼうだったと思《おも》う？

Yes!

食《く》いしんぼうだと思《おも》う。

どうして食《く》いしんぼうなの？

「必要《ひつよう》な量《りょう》よりうんとたくさん食《た》べていたから」

「食《た》べすぎたら太《ふと》るのに、たくさん食《た》べていた」

「すごくたくさん食《た》べていたから。朝食《ちょうしょく》と夕食《ゆうしょく》を二回《にかい》ずつ」

No!

食《く》いしんぼうじゃない。

どうして食《く》いしんぼうじゃないと思《おも》うの？

「おなかがすいていただけだから」

「食《た》べものがたくさん必要《ひつよう》だっただけだから」

「パンケーキは勝手《かって》に食《た》べものをあたえられていたのだから」

Q

食《く》いしんぼうなのは、どんな場合《ばあい》でも悪《わる》いことなのかな？

こんな理由が返ってきそうです

こんな理由が返ってきそうです

Yes! いつでも悪《わる》いこと。

なぜ、食《く》いしんぼうなのはいつでも悪《わる》いことなの?

「たくさん食《た》べるから」

もし死《し》ぬほどおなかがすいていて、それでたくさん食《た》べたとしたら、それでも食《く》いしんぼうだと思《おも》う?

「食《た》べすぎると病気《びょうき》になるから」

病気《びょうき》になるのは、必《かなら》ずしも悪《わる》いことをしたからじゃないよ。たとえば水《みず》ぼうそうになるのは、だれかからうつされたからで、なにか悪《わる》いことをしたからじゃない。

「食《た》べすぎると太《ふと》るから」

いくら食《た》べても絶対《ぜったい》に太《ふと》らない子《こ》どももいるけど、そんな子《こ》でも食《く》いしんぼうなのは悪《わる》いことだと思《おも》う?

こんな理由が返ってきそうです
こんな反例をあげて考えさせます

反論

反論

「他《ほか》の人《ひと》の食《た》べる分《ぶん》がなくなるから」

バースデーパーティに行《い》って、ひとりで五人分《ごにんぶん》くらいを食《た》べた子《こ》がいたとしよう。他《ほか》の子《こ》にも食《た》べものがいっぱい残《のこ》っていたとしても、やっぱりそれはいけないことなの？

「がまんができないってことだから」

No!

食《く》いしんぼうなのは悪《わる》くない。

なぜ食《く》いしんぼうなのは悪《わる》くないの？

「私《わたし》たちは食《た》べないといけないから」

食《く》いしんぼうにならずに食《た》べることはできるよ。

「たくさん食《た》べられるのは元気《げんき》なしるしだから」

食《た》べすぎると病気《びょうき》になることもあるよ。

「たくさん食《た》べるのは楽《たの》しいから」

「食《く》いしんぼうだったとしても、他《ほか》の人《ひと》はこまらないから」

反論　この理由は考えを広げられます

いろんな理由と反論で議論を楽しみましょう

だれかが食《た》べすぎたために、他《ほか》の人《ひと》の食《た》べる分《ぶん》がなくなったとしたら？

Q 食《く》いしんぼうだったり、よくばりなのは必《かなら》ずしも悪《わる》くないって思《おも》うのね。だったら、食《く》いしんぼうになっても悪《わる》くないのはどんなときかな？

「だれのめいわくにもそんなにもならないとき」
「体《からだ》に悪《わる》くないとき」
「長《なが》い間《あいだ》、なにも食《た》べなかったとき」
「だれかが勝手《かって》にどんどんなにかをくれたとき。もらうのは悪《わる》くないから」

考えてみよう

次《つぎ》の人《ひと》たちは「よくばり」「よくばりではない」のどちらでしょう。その理由《りゆう》も言《い》ってね。

①友《とも》だちといっしょにテーブルについたビルは、ケーキをひとりで全部《ぜんぶ》食《た》

こんな例が返ってきそうです

べました。

②一日中《いちにちじゅう》せっせと土《つち》をほったジョンは、二回分《にかいぶん》の夕食《ゆうしょく》をいっぺんにたいらげました。

③一週間《いっしゅうかん》ずっと病気《びょうき》でなにも食《た》べられなかったメアリーは、いつもの三《さん》倍《ばい》の量《りょう》の夕食《ゆうしょく》をたいらげました。

④ジュリーはお母《かあ》さんに「もっとおこづかいがほしい」と言《い》いました。

⑤ボブは友《とも》だちに「おこづかいをありったけ、ぼきん箱《ばこ》に入《い》れてほしい」と言《い》いました。

⑥スーザンはお金《かね》がたくさんほしいので、家《いえ》のお手伝《てつだ》いをしています。

まとめ

食《く》いしんぼうだったり、よくばりだったりするのはいつでも悪《わる》いことかどうか？　もう一度《いちど》考《かんが》えてみましょう。

土屋陽介先生からの一言

悪徳について

アリストテレスは、人柄や性格の極端な現れ方が悪徳であると考えた。例をあげて考えてみよう。「勇敢」は徳だ。でもたとえば、戦場で目の前に強い敵がいるにもかかわらず、なにも考えずに突撃したとしたら、それは「勇敢」を通り越して「向こう見ず」だ。逆に、戦場で慎重になりすぎて、どこにも敵がいないのに撤退したとしたら、今度は「勇敢」未満で「臆病」だ。「向こう見ず」は自信過剰、「臆病」は自信が足りなさすぎで、どちらも性格の極端な現れ方なんだ。逆に、自信過剰でも自信不足でもなく、状況に応じて適切な仕方で行動できるようになったとき、人は「勇敢」の徳を身につけたと言われるようになる。

このように、両極端の「悪徳」に陥ることなく、極端と極端の真ん中に身を置くことを、アリストテレスは「中庸」と呼んで、それこそが「徳」を備えることだと考えたんだ。

5

美学

美しさ、
絵、
物語

美《うつく》しいもの

だれもが同《おな》じに美《うつく》しいと思《おも》うのかな？

［哲学的テーマ］
美学――美とは
［目的］
ものを美しく見せるのはなにかを考えましょう

Q これらは美《うつく》しいものの絵《え》や写真《しゃしん》だと思《おも》う？

次ページの五つの絵――雪景色、よごれた手、小石、イス、こわれたイス――を見せてください

Q これらが美《うつく》しいのはなぜだと思《おも》う？

こんな理由が返ってきそうです

「とても明《あか》るいから」
「もようがきれいだから」
「すわり心地《ごこち》がよさそうで使《つか》いやすそうだから」
「見《み》ていて楽《たの》しいから」

美《うつく》しくないものも、見《み》ていて楽《たの》しいかもしれないよ。たとえばモンスターとか。

「洞窟のモンスター」のさし絵を見せてください（一四八ページ）

Q これらのものが美《うつく》しくないのは、なぜだと思《おも》う？

「（手《て》）きたなくて気持《きも》ち悪《わる》い」
「色《いろ》がくすんでいる」
「いやなもよう」
「イスはこわれているのですわれなさそう（役《やく》に立《た》たない）」
「見《み》ていたくない」

美《うつく》しいのに、見《み》ていたくないものもあるよ。色《いろ》やもようがきれいなクモやヘビなど。

Q なぜ、どっちでもないのかな？

①イスはすわり心地《ここち》がよさそうで、かたちもきれい？　それとも、かたく

絵と写真をもう一度見せてください

こんな理由が返ってきそうです

反論

絵と写真をもう一度見せてください

正反対の二つの見方を示しましょう

てすわり心地《ごこち》が悪《わる》そう？
②イスはこわれているけど美《うつく》しい？　それとも、こわれているのですわれないから美《うつく》しく見《み》えない？
③石《いし》のもようがきれいで、なめらか？　それとも、石《いし》はつまらないし、ごちゃごちゃしている？
どちらとも言《い》えるよね。

やってみよう

美《うつく》しいと思《おも》うものの絵《え》をかいてみよう。なぜそれが美《うつく》しいと思《おも》うのか、理由《りゆう》を言《い》ってね。

まとめ

かたちなのか色《いろ》なのか、それともほかのことなのか、ものを美《うつく》しく見《み》せるものはなんなんだろう？

ネコ

ほんものかどうか、
見分《みわ》けられるかな？

Q

これ①はほんもののネコの写真《しゃしん》だと思《おも》う？

Yes!

ほんもののネコ。

どうしてこれがほんもののネコだって言《い》えるの？

「ほんもののネコに見《み》えるから」

「これは写真《しゃしん》だから、写真《しゃしん》にとられたネコがいたはず」

No!

ほんもののネコじゃない。

どうしてこのネコがほんものじゃないって思《おも》うの？

［哲学的テーマ］
美学——写真と絵
［目的］
写真や絵のモデルは本物か、それとも想像したものかを考えましょう

次ページの①ネコの写真、②ネコが料理をしている絵、③ネコが歩いている絵、④ネコが眠っている絵を見せてください

写真①を指します

こんな理由が返ってきそうです

①

②

③

④

「このネコは動《うご》いてないから」
ネコは動《うご》いていたかもしれないけれど、写真《しゃしん》はある瞬間《しゅんかん》しかとらえないから止《と》まっているように見《み》えるのかもしれないよ。

Q

これ②はネコが料理《りょうり》をしている絵《え》です。これはほんもののネコをかいた絵《え》だと思《おも》う？

Yes!

ほんもののネコ。

どうしてこれがほんもののネコだって言《い》えるの？
「ほんもののネコに見《み》えるから」
このネコは料理《りょうり》をしているけど、ネコに料理《りょうり》はできないよね。
「この絵《え》をかいた人《ひと》は、ネコを見《み》ながらかいたはずだから」
想像《そうぞう》してなにかの絵《え》をかくこともできるよ。「空飛《そらと》ぶ家《いえ》」とか。

No!

ほんもののネコじゃない。

反論

絵②を指してください

反論

こんな理由が返ってきそうです

反論

このネコがほんもののネコじゃないって、どうして言《い》えるの？
「ネコに料理《りょうり》はできないから」
「このネコは動《うご》いてないから、ほんもののネコじゃない」
このネコは動《うご》いていたかもしれないけど、絵《え》は一瞬《いっしゅん》の場面《ばめん》しかかけないから、動《うご》いてないように見《み》えるのかもしれないよ。

Q

これはどちらも絵《え》だけど、③はほんもののネコの絵《え》で、④は想像《そうぞう》してかいた絵《え》です。なぜそれを知《し》っているかというと、かいた人《ひと》がそう言《い》っていたからです。もしそれを教《おし》えてもらわなかったら、どっちがほんもののネコで、どっちが想像上《そうぞうじょう》のネコか、見《み》ただけでわかると思《おも》う？

Yes!

わかる。

ただ見《み》ただけで、どうしてどっちがほんもののネコで、どっちが想像《そうぞう》上《じょう》のネコかがわかるの？
「③のネコは元気《げんき》そうで、動《うご》いているからほんもの。④のネコは元気《げんき》そう

こんな理由が返ってきそうです

写真で言ったことを思い出させましょう

絵③と絵④を指してください

じゃないし、動《うご》いていないので想像上《そうぞうじょう》のネコ」

ほんもののネコだって、元気《げんき》がなさそうで、ねてしまうことがあるよ。


No!

わからない。

どうして、見《み》ただけではわからないの？

「想像《そうぞう》してかいたものが、ほんものに見《み》えることもあるから、見《み》ただけではわからない。たとえば、ネコをかっている気持《きも》ちになって、そのネコを絵《え》にかくこともできるから」

「かいた人《ひと》に、ほんもののネコをかいたかどうかを聞《き》かないとわからないから」

まとめ

写真《しゃしん》や絵《え》のなかのものはほんもの？　それとも想像《そうぞう》したもの？　見分《みわ》ける方法《ほうほう》はあるのでしょうか。

反論

こんな理由が考えられますね

【設定を変える】

ネコの代わりに、実在する別の題材を使用します。線描の代わりに絵の具で描いた絵を使ってもかまいませんが、必ず一枚は写真にしてください

海辺《うみべ》の散歩《さんぽ》

ほんとうのことと空想《くうそう》のこと

［哲学的テーマ］
美学――空想上の話と現実的な話

［目的］
空想《ファンタジー》の話と現実的なフィクションのちがいを考えましょう

お話

あるさわやかな、晴《は》れた日《ひ》のことです。

サムは犬《いぬ》のマックスといっしょに海辺《うみべ》を散歩《さんぽ》しています。

サムが言《い》いました。

「おいで、マックス。岩場《いわば》の水たまりに魚《さかな》がいるか、のぞいてみよう」

サムとマックスは岩場《いわば》をめざし、すなはまを走《はし》りました。

すると、マックスが波打《なみう》ちぎわにカモメを見《み》つけました。

マックスはほえながら、カモメに向《む》かって走《はし》り出《だ》します。

カモメはおびえて、飛《と》び立《た》ちました。

マックスはカモメをつかまえようとおいかけて行《い》きますが、カモメのすばやさにはかないません。

気《き》がつくとマックスだけが波打《なみう》ちぎわにとり残《のこ》されていました。

「もどっておいで。あんな鳥《とり》を追《お》っかけるのはやめろ！　つかまえられっこないから」サムがさけびました。

マックスが走《はし》ってもどってくると、サムは水《みず》たまりをのぞきこんでいます。

いっしょに魚《さかな》をさがします。

でも、一《いっ》ぴきも見《み》つかりません。

サムが空《そら》を見《み》あげると、もう日《ひ》がしずみかけていました。

「もうすぐ暗《くら》くなるよ。家《いえ》に帰《かえ》ったほうがよさそうだ」

サムはすなはまをかけあがりました。

マックスは家《いえ》に着《つ》くまでずっと、ほえながらサムのそばを走《はし》り続《つづ》けました。

Q

このお話《はなし》では、サムとマックスが海辺《うみべ》を散歩《さんぽ》しているね。マックスはカモメを追《お》いかけ、サムは魚《さかな》を見《み》つけようとしている。このお話《はなし》はほんとうに起《お》こりそうな話《はなし》だと思《おも》う？　それとも、空想《くうそう》の話《はなし》（ファンタジー）――ほんとうにはぜったた

いに起《お》きそうにない話《はなし》——だと思《おも》う？

Yes!

ほんとうらしい作《つく》り話《ばなし》。

どうして、これがほんとうらしい話《はなし》だと思《おも》うの？

「犬《いぬ》がカモメを追《お》いかけているから」

「カモメは追《お》いかけられると飛《と》んで逃《に》げるから」

「岩場《いわば》の水《みず》たまりで魚《さかな》をさがせるから」

「海辺《うみべ》で犬《いぬ》を散歩《さんぽ》させることはできるから」

No!

これは空想《くうそう》の話《はなし》。

なぜ、空想《くうそう》の話《はなし》だと思《おも》うの？

「このお話《はなし》は作《つく》った話《はなし》だから」

ほんとうらしい話《はなし》も作《つく》り話《ばなし》だと言《い》えるよ。ほんとうらしいものもふくむすべてのお話《はなし》が作《つく》られたものだから。

いろんな理由が返ってきそうです

いろんな理由が返ってきそうです。議論を楽しみましょう

「サムとマックスはほんとうにはいないから」

ほんとうにはいない人《ひと》たちが登場《とうじょう》するけれども、じっさいの生活《せいかつ》に起《お》きそうなことについて書《か》かれているので、ほんとうのことらしいと言《い》えるお話《はなし》もあるよ。少年《しょうねん》が犬《いぬ》を連《つ》れて海辺《うみべ》を散歩《さんぽ》することは、ふつうに起《お》きることじゃないかな？


「このお話《はなし》を聞《き》いていると、わたしたちはそのなかで起《お》きていることを頭《あたま》で想像《そうぞう》する。だから、これは空想《くうそう》の話《はなし》」

すべてのお話《はなし》が、わたしたちに話《はなし》のなかで起《お》きていることを想像《そうぞう》させるよう仕向《しむ》けているのでは？

つづき

また別《べつ》の晴《は》れた日《ひ》のことです。

サムと犬《いぬ》のマックスはふたたび海辺《うみべ》を散歩《さんぽ》しています。

今日《きょう》はピチャピチャと水《みず》のなかを歩《ある》いています。

こんな理由が返ってくるかもしれません

反論
考えを広げましょう

あるとき、空《そら》を見上《みあ》げたサムが立《た》ち止《ど》まり、じっと目《め》をこらしました。

「マックス、上《うえ》を見《み》てごらん。ほら、あそこ、あれはなんだろう？」

空《そら》を見上《みあ》げたマックスは「ドラゴンだ！」と言《い》うなり、あとを追《お》いかけはじめました。

ドラゴンはすなはまを見《み》おろして、さけびました。

「つかまるもんか！」

マックスはぜったいにつかまえようと思《おも》いました。

猛《もう》スピードで走《はし》り、ドラゴンの真下《ました》に来《き》たところで、すごく高《たか》く、空《そら》の雲《くも》にとどくくらい高《たか》くジャンプしました。

でも、しっぽにかみつくすんぜんに、にげられてしまいました。

ドラゴンは笑《わら》いながら飛《と》んでいます。

マックスはもう一度《いちど》、ものすごく高《たか》くジャンプしました。

でも、ドラゴンがあまりにはやく飛《と》んでにげるのでとどきません。

「マックス、もう、あきらめろ！」サムがさけびました。

「いやだ！ つかまえて、あいつと話《はなし》がしたいんだ」マックスはさけび返《かえ》しました。

そして、すなはまを前《まえ》よりもっとはやくかけていきました。

マックスはさらになんどかドラゴンをつかまえようとしましたが、成功《せいこう》しません。

すると、こんどは太陽《たいよう》が笑《わら》い出《だ》しました。そして大声《おおごえ》で言《い》いました。

「ぜったいに無理《むり》だね。君《きみ》みたいなチビ犬《いぬ》にあんなにはやく飛《と》ぶドラゴンをつかまえられるわけがない」

太陽《たいよう》に話《はな》しかけられたマックスはびっくりです。走《はし》るのをやめて、すわって太陽《たいよう》を見上《みあ》げました。

「君《きみ》がしゃべれるなんて、知《し》らなかったよ」マックスが言《い》うと、太陽《たいよう》は言《い》い返《かえ》しました。

「君《きみ》がしゃべれるのに、ぼくがしゃべれないわけないだろ？」

Q

このお話《はなし》でもまたサムとマックスは海辺《うみべ》を散歩《さんぽ》しているね。マックスはドラゴンを追《お》いかけたり、サムと話《はな》したりしている。太陽《たいよう》もマックスに話《はな》しかけている。このお話《はなし》はほんとうらしい作《つく》り話《ばなし》だと思《おも》う？　それとも、空想《くうそう》の話《はなし》だと思《おも》う？

Yes!

ほんとうらしい作《つく》り話《ばなし》。

なぜ、これがほんとうのことらしい話《はなし》だと思《おも》うの？

「じっさいの生活《せいかつ》でも、わたしたちは犬《いぬ》と海辺《うみべ》を散歩《さんぽ》するから」

犬《いぬ》は言葉《ことば》を話《はな》さないし、ドラゴンもほんとうにはいないよ。空想《くうそう》の話《はなし》には現実《げんじつ》の生活《せいかつ》で起《お》きることがふくまれることもあるけれど、必《かなら》ず現実《げんじつ》には起《お》きないことがふくまれているんだよ。

No!

空想《くうそう》の話《はなし》。

なぜ、これが空想《くうそう》の話《はなし》だと思《おも》うの？

「ドラゴンなんていないから」

「動物《どうぶつ》はしゃべらないから」

「犬《いぬ》はそんなに高《たか》くジャンプできないから」

「太陽《たいよう》は笑《わら》うことも話《はな》すこともできないから」

反論

こんな理由が返ってきたら？

こんな理由が返ってきそうです

まとめ

お話《はなし》がほんとうのことのような作り《つく》話《ばなし》か、それとも空想《くうそう》の話《はなし》かは、どうしてわかるのかな？　起《お》こりそうなことだからなのか、起《お》きそうにないことだからなのか、もう一度《いちど》考《かんが》えてみましょう。

洞窟《どうくつ》のモンスター

こわい話《はなし》とほんとうにこわいこと

［哲学的テーマ］
美学――こわい話を楽しむ
［目的］
実際の生活では恐怖は楽しめないのに、なぜこわい話を楽しむことができるのかを考えましょう

お話

ビリーはある日《ひ》、海辺《うみべ》を歩《ある》いていて洞窟《どうくつ》の入《い》り口《ぐち》を見《み》つけました。

一歩《いっぽ》だけそっと、足《あし》をふみ入《い》れました。

なかは暗《くら》くてひんやりしています。

手《て》を前《まえ》にのばしてゆっくりおくへ進《すす》んでいきました。

すると、手《て》がぬれてぬるぬるしたものにふれたので、思《おも》わずひめいをあげました。

でも、それは洞窟《どうくつ》のかべのただの岩《いわ》でした。

ビリーはさらにおくへ、じわじわ進《すす》んでいきました。

とつぜん、足《あし》を引《ひ》きずるような音《おと》がしたので止《と》まって耳《みみ》をすましました。

その音《おと》はどんどん近《ちか》づいてきます。

同時《どうじ》に、黒《くろ》っぽいものすごく大《おお》きなかげが、ビリーのほうにせまってきます。

ぼんやりした暗《くら》やみのなかに、とがった二《に》本《ほん》の耳《みみ》がうかび上《あ》がりました。

黄色《きいろ》くてばかでかい目《め》が二《ふた》つ、こちらをじっと見《み》ています。

そのとき、毛《け》むくじゃらの長《なが》いうでが二《に》本《ほん》、ビリーに向《む》かってのびてきました。

同時《どうじ》に、低《ひく》い大《おお》きな声《こえ》がとどろきました。

「おまえ、わしの洞窟《どうくつ》でなにをしてるんじゃ!?」

ビリーはこわくてこわくて、身動《みうご》きできません。

「あなたは、モ、モ、モ、モンスターですか?」

なんとか声《こえ》をしぼり出《だ》しました。

「もちろんじゃ！　ここに来《く》るやつはひとり

残《のこ》らずつかまえて、大《おお》きなおりに入《い》れてやる！」モンスターが大声《おおごえ》でわめきました。

ブルーの長《なが》い舌《した》を口《くち》からたらして、なおもビリーのほうに向《む》かってきます。

ビリーはくるりと向《む》きを変《か》え、一目散《いちもくさん》に洞窟《どうくつ》を飛《と》び出《だ》しました。

「わはは、こわがらせてやったぞ！　こわがらせてやったぞ！」後《うし》ろから、モンスターの笑《わら》い声《ごえ》が、なんども追《お》いかけてきました。

Q

このお話《はなし》はこわかった？
他《ほか》にもこわいお話《はなし》を聞《き》いたことはある？
こわいお話《はなし》を聞《き》くのは楽《たの》しい？

こわいお話について話してみましょう

Q

今《いま》までにこわい思《おも》いをしたことはある？
それはどんなこと？
こわい思《おも》いをしたとき、楽《たの》しいと思《おも》った？

今度は体験について話してみましょう

Q

こわいお話《はなし》を聞《き》いてこわくなるのは楽《たの》しいけど、ほんとうにこわい思《おも》いをするのはいやだよね。それって、なにがちがうんだろう？　どうしてこわいお話《はなし》は楽《たの》しめるのに、ほんとうにこわい思《おも》いをするのは楽《たの》しめないのかな？

「ほんとうにこわい思《おも》いをしているときには、きけんな目《め》にあっている。でも、こわいお話《はなし》を聞《き》いているときにはきけんはない。だから、お話《はなし》を聞《き》いてこわくなるのは楽《たの》しめる」

「お話《はなし》を聞《き》いているときには、もしすごくこわくなったら、お話《はなし》を聞《き》くのをやめることができる。でも、ほんとうにこわい思《おも》いをしているときは、すごくこわくなってもどうしようもない」

「お話《はなし》を聞《き》いているときには、ほんとうはそんなにこわがっていない。ただこわいふりをして、その感《かん》じを楽《たの》しんでいるだけ。でも、ほんとうにこわい思《おも》いをしているときには、ほんとうにこわくなっているので、楽《たの》しむどころじゃない」

お話と体験がどうしてちがうのかを考えましょう。

いろいろな理由が考えられます

「別《べつ》にちがわない。ほんとうにこわい思《おも》いをするのもいやだし、こわいお話《はなし》を聞《き》いてこわくなるのもいやだ。モンスターがおもしろがっていたところとか、他《ほか》の部分《ぶぶん》は楽《たの》しんだけど。お話《はなし》の続《つづ》きが知《し》りたくなった」

「ちがわない。こわいお話《はなし》を読《よ》んでこわくなるのを楽《たの》しむように、ほんとうにこわい思《おも》いをするのも楽《たの》しい。遊園地《ゆうえんち》のこわい乗《の》りものとか」

まとめ

ほんとうにこわいことは楽《たの》しめないのに、なぜ、こわい話《はなし》は楽《たの》しむことができるのか、いろいろな例《れい》についてよく考えてみましょう。

土屋陽介先生からの一言

本物《ほんもの》について

三角形とは、同一の直線上にない三点を線で結んだものだ。そして線とは、幅がない点のつながりのことだ。でも、私たちが紙にエンピツで三角形をかいたら、線には幅ができてしまうから、厳密に言ったらそれは三角形ではないということになる。つまり、三角形の定義を厳密に満たした本物の三角形は、実はこの世界のどこにも存在していないんだ。プラトンは、この世にあるものは、ぜんぶ本物の世界の「似姿《にすがた》」であって、本物の世界そのものは実はあの世(天上の世界)にしかない、と考えた。このような考え方のことをイデア論という。

プラトンより前に生まれ、最古の哲学者と呼ばれるタレスも、「万物の根源は水である」という言葉を残し、この世界の根源的なあり方は見た目の世界の裏側に隠れていると考えた。そういう発想は科学的な考え方のもととも言えるんだ。私たちには世界はこう見えているけど、その見え方と世界の本当のあり方は違うという考え方だ。

6

心の哲学

感情、
何かを信じること、
人

おこりんぼパッチ

どんなときなら、
おこってもいいの？

［哲学的テーマ］
心の哲学――怒り
［目的］
怒るのが正しいのはどんなときかを考えましょう

お話

子犬《こいぬ》のパッチとローリーとサンディは友《とも》だちです。

ある日《ひ》、みんなはお庭《にわ》でボール遊《あそ》びをしていました。

ボールを追《お》いかけていると、とつぜんパッチがしばふの石《いし》ころにつまずいてころび、鼻《はな》をこっぴどくぶつけてしまいました。

パッチはいたさのあまり、へたりこんで泣《な》き出《だ》しました。

けがを心配《しんぱい》して、ローリーとサンディがかけよります。

すると、パッチはかれらに向《む》かって大声《おおごえ》でほえはじめました。

「ぼくがころんだのはローリーとサンディのせいだ。あんなにはやく走《はし》らなかったら、ぼくはころばなくてすんだんだ。あーん、鼻《はな》がいたいよー」

パッチは友《とも》だちにひどくはらを立《た》てています。

ローリーとサンディは自分《じぶん》たちのせいじゃないのに、パッチにせめられてびっくり。パッチがころんだのは、だれのせいでもないのです。

Q パッチはけがをしたのでローリーとサンディにはらを立《た》てたね。パッチがおこったのは正《ただ》しいと思《おも》う？

つづき

その後《あと》、みんなで家《いえ》に入《はい》っておやつを食《た》べていると、ローリーとサンディがパッチをからかい始《はじ》めました。

「さっき、鼻《はな》をぶつけたとき、パッチは泣《な》き虫《むし》だったね」サンディがほえます。

「もうパッチとは友《とも》だちでいたくないよ。おまえなんか、きらいだ！」ローリーもほえ立《た》てます。

鼻《はな》のきずがまだズキズキしているパッチは、またもやおこり出《だ》しました。

泣《な》き虫《むし》だと言《い》われたのも、友《とも》だちにきらいだと言《い》われたのも気《き》に入《い》りません。

けがをしたときに、だれかのせいにしたことはないか、聞いてみましょう

パッチは家《いえ》を飛《と》び出《だ》して、庭《にわ》のほうにかけていきました。

Q　ローリーとサンディはパッチをからかったね。そのことでパッチがおこるのは正《ただ》しいと思《おも》う？

つづき

いかりのおさまったパッチが日《ひ》なたでねころがっていると、庭《にわ》のおくのほうからはげしいほえ声《ごえ》やうなり声《ごえ》が聞《き》こえてきました。

「どうしたんだろ？」パッチは見《み》に行《い》きました。

すると、庭《にわ》の温室《おんしつ》の横《よこ》で、サンディがローリーに飛《と》びかかってます。

「やめてー！　いたいよー！」ローリーがほえています。

でも、サンディはしらん顔《かお》。またもやローリーに飛《と》びかかり、耳《みみ》にかみつきます。

パッチはそばにつっ立《た》って、力《ちから》のかぎりほえ立《た》てました。

「やめて、いますぐ！　ローリーがけがしちゃうよ！」

からかわれたときの気持ちを話し合いましょう

パッチはすごくおこって、サンディがやめるまで大声《おおごえ》でほえ続《つづ》けました。

Q サンディとローリーはただじゃれ合《あ》っていたんだとしたら、パッチがおこるのは正《ただ》しいと思《おも》う？

Q パッチがおこったのが正《ただ》しい場合《ばあい》と、正《ただ》しくない場合《ばあい》があったね。では、どんな場合《ばあい》ならおこるのは正《ただ》しいのかな？

反論

「どんな場合《ばあい》でもおこるのは正《ただ》しくない」

おこるのが、ひどいことをしている人《ひと》を止《と》めるただ一《ひと》つの方法《ほうほう》だとしたらどう？　それでもおこるのは正《ただ》しくない？

反論

「だれかに気《き》に入《い》らないことをされたときには怒《おこ》るのは正《ただ》しい」

まだねたくないのに、お母《かあ》さんに「もうおそいからねなさい」と言《い》われたときはどう？

「だれかのせいでひどい目《め》にあい、それが単《たん》なる事故《じこ》じゃなかったらおこるのは正《ただ》しい」
「だれかにひどいことをされたときや、だれかが他《ほか》の人《ひと》にひどいことをしたときには、おこるのは正《ただ》しい」

やってみよう

おこっている人《ひと》の絵《え》をかいて、おこっている理由《りゆう》を話《はな》してね。
その人《ひと》がおこるのが正《ただ》しいかどうかを話《はな》し合《あ》おう。

まとめ

もう一度《いちど》考《かんが》えてみましょう——おこるのが正《ただ》しいのはどんなとき？

ウサギとネズミ

いつでもこわがるべきなの？

［哲学的テーマ］
心の哲学——恐怖
［目的］
こわがるのが正しいのはどんなときかを考えましょう

お話

森《もり》のなかで、ウサギとネズミが木々《きぎ》の間《あいだ》を楽《たの》しそうに走《はし》りまわっていました。

するとモーターの音《おと》がし、続《つづ》いてドシーンというとてつもなく大《おお》きな音《おと》がしました。

ウサギとネズミは立《た》ち止《ど》まり、思《おも》わず顔《かお》を見合《みあ》わせました。

「きっとだれかが木《き》を切《き》りたおしてるんだ」とウサギ。

「あの音《おと》、こわいよー。ここにいたらぼくたちの上《うえ》に木《き》がたおれてくるかもしれない」ネズミが小声《こごえ》で言《い》いました。

「ぼくだってこわいよ」ウサギがささやきます。

ウサギとネズミはくるりと向《む》きをかえ、一目散《いちもくさん》にかけ出《だ》しました。

まもなく二《に》ひきは森《もり》をぬけ、畑《はたけ》ににげこんでいました。

Q

ネズミがこわがったのは正《ただ》しいと思《おも》う？

Yes!

正《ただ》しい。

なぜ正《ただ》しいと思《おも》うの？
「大《おお》きな音《おと》はおそろしくて、にげ出《だ》したくなるから」
「木《き》が自分《じぶん》の上《うえ》にたおれてきそうであぶないから」
「こわがったことで、きけんからぬけ出《だ》せたから」

No!

正《ただ》しくない。

なぜ正《ただ》しくないと思《おも》うの？
「あぶないことなど起《お》こりそうにないから」
「音《おと》がしただけ。音《おと》できずつくことはないから」
「音《おと》は遠《とお》くでしていたから」

こんな理由が返ってきそうです

こんな理由が返ってきそうです

つづき

ウサギとネズミはキャベツ畑《ばたけ》のはしっこにいます。

「わーい」ウサギが言《い》います。「おなかがペコペコだ。ここでちょっとキャベツを食《た》べよう」

キャベツ畑《ばたけ》に入《はい》ると、とつぜんネズミがひめいをあげました。

畑《はたけ》のまんなかを指《ゆび》さしています。

「み、見《み》て！」つっかえながら言《い》います。

キャベツの間《あいだ》に立《た》っている、ばかでかいかかしを見《み》つめています。

「あの大《おお》きな目《め》に長《なが》いうで、いかにもおっかなそうだ。ぼくはにげるよ。追《お》っかけてくるかもしれないから」

するとウサギが言《い》いました。

「こわがらなくていいよ。かかしは木《き》と布《ぬの》と

野菜《やさい》でできてるんだから」
「でも、こわい！」ネズミはそう言《い》って、にげ出《だ》しました。
残《のこ》されたウサギはだれにもじゃまされることなく、キャベツをいっぱい食《た》べました。

Q ネズミがこわがったのは正《ただ》しいと思《おも》う？

Yes! 正《ただ》しい。

なぜ正《ただ》しいと思《おも》うの？
「ネズミはかかしが生《い》きていると思《おも》った。もし生《い》きていたら、つかまったかもしれないから」

No! 正《ただ》しくない。

こんな理由が返ってくるかもしれません

なぜこわがったのが正《ただ》しくないの？

「見《み》えたのはただのかかし。かかしはネズミになにもできないから」

「かかしは生《い》きてないのでなにもできないとウサギに言《い》われても、まだネズミはこわがったから」

「ネズミはおなかがすいていたのに、にげたせいでなにも食《た》べられなかったから」

Q　なぜ大《おお》きな音《おと》を聞《き》いたときにこわがったのは正《ただ》しくて、かかしを見《み》たときにこわがったのは正《ただ》しくないの？

「たおれてくる木《き》でけがをするおそれはあるけれど、かかしにきずつけられるおそれはないから」

Q　だったら、どんなときならこわがるのは正《ただ》しいの？

「どんなときでもこわがるのは正《ただ》しくない」

こんな理由が返ってきそうです

こんな理由が返ってきそうです

もしどんなときにもまったくこわくならなかったら、あぶない場面《ばめん》をさけられないので大《おお》けがをすることになるよ。

「きけんがありそうなときは、こわがるのが正《ただ》しい」

きけんがありそうだというだけでにげていたら、なにかいいものを手《て》に入《い》れそこねるかもしれないよ。

「じっさいにあぶないときならこわがるのは正《ただ》しいけれど、あぶなそうに見《み》えるだけなら、こわがるのは正《ただ》しくない」

まとめ

こわがってもいいときと、悪《わる》いときがあるの？　そのちがいはなにか、話《はな》し合《あ》いましょう。

反論

反論

こんな結論に達しそうです

ハッピーなスージー

なにがわたしたちを幸《しあわ》せにするの？

〔哲学的テーマ〕
心の哲学――幸福感
〔目的〕
なにが人をハッピーにするのかを考えましょう

お話

スージーは学校《がっこう》から帰《かえ》るなりキッチンに飛《と》びこみました。

「聞《き》いて、ママ。メアリーのバースデーパーティによばれたの。おねがい、行《い》っていいでしょ？」

「もちろん、行《い》っていいわよ」お母《かあ》さんが答《こた》えます。

スージーはぴょんぴょん飛《と》びはねました。

スージーはすごくハッピーです。

「メアリーにすてきなプレゼントを買《か》わなくちゃ。プレゼントを買《か》うのもあげるのも大好《だいす》き。すごくハッピーになるの。ママ、いつ買《か》いに行《い》ける？」

おかあさんは笑《わら》いました。そして言《い》いました。

「土《ど》よう日《び》まで、待《ま》ちましょうね」

いよいよパーティの日《ひ》がやってきました。

スージーはパーティドレスを着《き》ました。

「このドレスを着《き》ると、いつもハッピーになるの」

バースデーパーティでは、メアリーのお母《かあ》さんがスージーの大好《だいす》きな食《た》べものをいっぱい用意《ようい》していました。

「わあ、おいしそう。急《きゅう》におなかがすいてきたわ」

スージーはテーブルにつくと、メアリーのお母《かあ》さんにお礼《れい》を言《い》いました。

「このおいしそうなものを全部《ぜんぶ》食《た》べられるなんて、すごくハッピー！」

スージーは心《こころ》からパーティを楽《たの》しみました。

家《いえ》に帰《かえ》るととてもつかれていたので、ねる時間《じかん》になると、喜《よろこ》んでベッドに入《はい》りました。

Q なにがスージーをハッピーにしていると思《おも》う？

「バースデーパーティに呼《よ》ばれること」
「プレゼントを買《か》ったりあげたりすること」
「パーティドレスでおしゃれをすること」
「おいしいものを食《た》べること」
「つかれてベッドに入《はい》ること」

Q　君《きみ》をハッピーにするものはなに？　いっぱい思《おも》いついてね。

Q　なぜ、それらは君《きみ》をハッピーにするのかな？

「したいことをしてるから」
「友《とも》だちや家族《かぞく》といっしょにいるから」
「他《ほか》の人《ひと》を助《たす》けているから」
「だれかになにかをあげているから」
「大好《だいす》きなものを食《た》べているから」

こんな答えが返ってきそうです

どうしてそうなのか考えてみて

たくさん理由を引き出します

「好《す》きなおもちゃで遊《あそ》んでいるから」

Q ハッピーにしてくれるものにはなにか共通点《きょうつうてん》があると思《おも》う？

Yes! **共通点《きょうつうてん》がある。**

ハッピーにしてくれるものにはどんな共通点《きょうつうてん》があると思《おも》う？

「どれも私《わたし》たちを楽《たの》しくさせるもの」

「どれも私《わたし》たちのほしいもの」

「どれも私《わたし》たちに必要《ひつよう》なもの」

No! **共通点《きょうつうてん》はない。**

なぜハッピーにしてくれるものに共通点《きょうつうてん》はないと思《おも》うの？

「答《こた》えがちがう種類《しゅるい》のものだから。ものだったり、することだったり、人《ひと》

こんな理由が返ってきそうです

こんな考えを導けるといいですね

だったり。必要《ひつよう》なものだったり、ほしいものだったり」

まとめ

人《ひと》をハッピーにするものはなにか？　もう一度《いちど》考《かんが》えてみましょう。君《きみ》をハッピーにするものはなにかな？

悲《かな》しいテッド

なんで悲《かな》しくなるんだろう

［哲学的テーマ］
心の哲学──悲しみ
［目的］
人を悲しくさせるものはなにかを考えましょう

Q **こぐまのテッドはとても悲《かな》しそう。泣《な》いて、ハンカチで涙《なみだ》をふいてるよね。どうしてテッドは悲《かな》しいのだと思《おも》う？いっぱい考《かんが》えてみてね。**

「転《ころ》んでけがをしたから」
「ママがテッドを置《お》いてどこかに行《い》ってしまったから」

悲しんでいるテッドのさし絵を見せてください

できるだけ多くの答えを引き出しましょう

「友《とも》だちが意地悪《いじわる》だから」
「だれかにおもちゃを取《と》られたから」
「きらいなものを無理《むり》やり食《た》べさせられたから」
「すごく寒《さむ》いから」
「外《そと》に出《で》て遊《あそ》んだらダメと言《い》われたから」
「なにかいけないことをして、うしろめたい気《き》がしてるから」

Q　テッドを悲《かな》しくさせるものは、君《きみ》も悲《かな》しくさせると思《おも》う？

Q　悲《かな》しくさせるものをグループ分《わ》けできないかな？　たとえば、こんなグループはどう？

①体《からだ》に関係《かんけい》すること――歯《は》がいたい。寒《さむ》い。おなかがすいている。
②気持《きも》ちに関係《かんけい》すること――こわい。頭《あたま》にくる。悪《わる》いことをした。
③友《とも》だちや家族《かぞく》に関係《かんけい》すること――遊《あそ》ぶ友《とも》だちがいない。お母《かあ》さんに置《お》いていかれた。

答えの一つ一つについて考えてみましょう

悲しくさせるものの理由の整理をして、グループに分けてみましょう

④自分《じぶん》のものに関係《かんけい》すること――おもちゃを取《と》られた。おもちゃがこわれた。

こんなグループ分《わ》けもできるよね。

①やらなくてはならないことに関係《かんけい》すること――まだねたくないのにベッドに行《い》かなくちゃいけない。

②できないことに関係《かんけい》すること――外《そと》に出《で》て遊《あそ》べない。

考えてみよう

まだこんなグループ分《わ》けもあるよ。

①ほしくないのに、ある。（むし歯《ば》。友《とも》だちの意地悪《いじわる》など）

②ほしいのに、ない。（おなかがすいているのに食《た》べるものがない。外《そと》に出《で》て遊《あそ》べないなど）

やってみよう

悲《かな》しんでいる人《ひと》の絵《え》をかいて、その人《ひと》がなぜ悲《かな》しいのかを話《はな》してね。その人《ひと》をハッピーにするにはどうしたらいいと思《おも》う？

まとめ

人《ひと》を悲《かな》しくさせるものはなにかな？　いろんなグループ分《わ》けをして、それぞれのリストを作《つく》りましょう。

その悲しみがどのグループに入るかも考えましょう

アンディのけが

いたいことはどんなときにも悪《わる》いこと？

［哲学的テーマ］
心の哲学──いたみ
［目的］
いたいことはどんな場合も悪いことかどうかを考えましょう

お話

アンディがこわれたへいを、直《なお》しています。

へいのいちばん上《うえ》にすわって、最後《さいご》のいくつかのレンガをのせようとしたとき、下《した》のほうから友《とも》だちのよぶ声《こえ》がしました。

「おーい、アンディ！」

びっくりして急《きゅう》にふり返《かえ》ったアンディは、バランスをくずし、ドスンと地面《じめん》まで落《お》ちてしまいました。

友《とも》だちがかけよって、「けがはない？」と心配《しんぱい》そうにたずねました。

アンディはうめき声《ごえ》をあげました。

「ひざがいたいよー。ほら、はれてきている」

友《とも》だちはアンディのひざを見《み》るなり、救急箱《きゅうきゅうばこ》を取《と》りに行《い》きました。

そして、包帯《ほうたい》を取《と》り出《だ》して、言《い》いました。

「この包帯《ほうたい》をしてから、お医者《いしゃ》さんに連《つ》れて行《い》ってあげるね」

Q　アンディにはいたいところがあります。今《いま》、アンディはどんな気持《きも》ちだと思《おも》う？

「すごくいたい」「こわい」「涙《なみだ》が出《で》そう」「悲《かな》しい」

Q　いつだっていたいのは悪《わる》いことだと思《おも》う？

Yes!　悪《わる》い。

どうして、いつだって悪《わる》いことなの？

「いたいのはいやだから」
「いたいと泣《な》いてしまうから」
「いたいときげんが悪《わる》くなるから」

いたいのはどんな場合《ばあい》も悪《わる》いことだって思《おも》うのね。でも、もしいたみを感《かん》じなかったら、熱《あつ》いオーブンやフライパンのようなあぶないものをさけ

いろんな答えが返ってきそうです

こんな理由が返ってきそうです

反論

ることを学《まな》ばないんじゃない？

No!

いつも悪《わる》いことじゃない。

どうしてそう思《おも》うの？

「どこかから落《お》ちたりけがしたりしないよう、注意《ちゅうい》することを学《まな》ぶから」

「熱《あつ》いオーブンのような、あぶないものにふれないことを学《まな》ぶから」

「けがをしたら、いたくて動《うご》けなくなる。そのせいで、けががよけいにひどくならなくてすむから」

「どこかがいたいときには、お母《かあ》さんがなにかいいものをくれたり、なぐさめてくれたりするから」

Q

いたいのは悪《わる》いことだよね。だれでもいたいのはいやだから。でも、けがをするのをふせいでくれるから、いたいのはよいことでもあるよね。どうして一《ひと》つのものがよいものと悪《わる》いものに同時《どうじ》になれるのかな？

こんな理由が返ってきそうです

「いたみはもともと悪《わる》いもの。なぜなら、だれでもいたいのはつらいから。でも、いたみがよい結果《けっか》をもたらすこともある。たとえば、なにかをしたらいたいということを知《し》っていれば、私《わたし》たちは用心《ようじん》するから」

Q　いたみの他《ほか》にも、それ自体《じたい》は悪《わる》いものでもよい結果《けっか》をもたらすものはないかな？

・道路《どうろ》に飛《と》び出《だ》そうとした子《こ》どもを、母親《ははおや》がしかった。
・木《き》に登《のぼ》っていた子《こ》どもが、急《きゅう》にこわくなって登《のぼ》るのをやめて下《お》りることにした。

まとめ

いたいことはいつでも最悪《さいあく》なことかな？　いたみが役立《やくだ》つ場合《ばあい》について考《かんが》えてみましょう。

二つのケースをはっきり区別する考え方を引き出しましょう

いろいろな例をあげてみましょう

土屋陽介先生からの一言

感情について

感情は自分でコントロールできないもののような気がする。怒りとか怖さとかは、自分の内側から自然に湧いてくる受け身のものだから、自分ではどうしようもない気もする。でも、たとえば上司からパワハラを受けても怒らなかったり、それを知っているまわりの人たちも怒らなかったりしたら、それはよくないことであるようにも思う。人間は怒るべきときには適切な仕方で怒らないといけないような気もするんだ。このことが示しているのは、怒りには感情的で受け身的な側面だけでなく、理性的で能動的・意志的な側面もあるってことなのかな?

そういえば学校の先生は、内心では全然怒っていなくて、怒りの感情はまったく湧いていないのだけど、子どもに対する教育の一環として、意志の力を使って怒るってことを日常的にやっている気もするね。

ロボットのアイザック

ロボットと人《ひと》のちがいはどこにあるの？

［哲学的テーマ］
心の哲学――人間
［目的］
感情や思考のないロボットは人間だといえるかどうかを考えましょう

ロボットの絵《え》を見ながら、お話《はなし》を読《よ》みましょう。

お話

これはアイザックという名前《なまえ》のロボットです。

アイザックはメタルでできていて、電池《でんち》で動《うご》きます。

話《はな》しかけると、返事《へんじ》をします。

名前《なまえ》を聞《き》くと「アイザック」と答《こた》えます。

なにか知《し》りたいときは、アイザックにたずねると教《おし》えてくれます。

ころんでひざをぶつけると、ひざをかかえ、「あーん、あーん、ひざがいたいよ！」と言《い》って泣《な》きます。

音楽《おんがく》がなると、おどりだします。

いすやぬいぐるみがほしければ、アイザックが作《つく》ってくれます。

さし絵のロボットの絵を見せます

とってもかしこいロボットです。

でも、アイザックを作《つく》った人《ひと》によると、アイザックの頭《あたま》にはなんの考《かんが》えもないそうです。

ころんで「あーん、あーん、ひざがいたいよ！」と言《い》っているときも、いたみは感《かん》じていないのです。

おどっているときも、アイザックは喜《よろこ》びも、悲《かな》しみも、なにも感《かん》じていません。

アイザックはわたしやあなたと同《おな》じことをするけれども、なにも考《かんが》えないし、なにも感《かん》じないのです。

Q ロボットのアイザックは人間《にんげん》だと思《おも》う？

Yes!

人間《にんげん》だと思《おも》う。

どうしてアイザックが人間《にんげん》だと思《おも》うの？

「わたしたちのように話《はな》せるし、質問《しつもん》にも正《ただ》しく答《こた》えられるから」

コンピューターもいろんな問題《もんだい》に正《ただ》しく答《こた》えられるから、コンピューターも人間《にんげん》だと思《おも》う？

「わたしたちと同《おな》じことをするから」

「動《うご》き回《まわ》って踊《おど》ったりするから」

チョウチョも動《うご》き回《まわ》るけど、人間《にんげん》じゃないよ。

「物《もの》を作《つく》ることができるから」

クモは巣《す》を作《つく》るし、工場《こうじょう》の機械《きかい》も物《もの》を作《つく》るけど、どちらも人間《にんげん》じゃない。

No!

人間《にんげん》じゃない。

こんな理由が返ってくるかもしれません

反論

もっと、いろいろな理由を出してみよう

反論

反論

どうしてアイザックは人間《にんげん》じゃないと思《おも》うの？

「人間《にんげん》はひふとほねからできているけど、アイザックはメタルでできているから」

どこかの星《ほし》から来《き》たエイリアンが、ひふとほねからできてはいないけど人間《にんげん》である可能性《かのうせい》はない？

「アイザックはただの機械《きかい》だから」

「アイザックはいたみを感《かん》じないけれど、人間《にんげん》は感《かん》じるから」

めずらしい病気《びょうき》で、いたみをまったく感《かん》じない人《ひと》もいるよ。その人《ひと》は人《にん》間《げん》じゃないの？

「アイザックは楽《たの》しいとも、悲《かな》しいとも感《かん》じないけれど、わたしたちは感《かん》じるから」

わたしたちもねてるときにはなにも感《かん》じないことがあるけれど、それでも人間《にんげん》に変《か》わりないよ。

「アイザックには考《かんが》えがないけれど、わたしたちにはあるから」

反論

もっと、いろいろな理由を出してみよう。反論や反例で議論を楽しみましょう

「アイザックは食《た》べものを食《た》べないから」

食《た》べものはわたしたちにエネルギーをあたえてくれるよね。代《か》わりにアイザックは電池《でんち》からエネルギーをもらってるんだよ。

まとめ

気持《きも》ちや考《かんが》えのないロボットは人間《にんげん》だと言《い》えるのかな？　どうかな？

土屋陽介先生からの一言

ロボットについて

ドラえもんをできるだけリアルに想像してみて。身長と腹まわりが129.3センチ、体重は129.3キロ。金属でできているから触ると冷たい。めがねをかけた少年のことをお母さんが「のび太」と呼んでいるのを聞いて、少年をのび太だと認識するようになる。ジャイアンにいじめられているらしい、しずかちゃんのことが好きらしい……といったことを少しずつ自動学習して理解していく。

数年後、14歳になって反抗期を迎えたのび太に言われる。「おまえはしょせん機械だから心なんてないんだよ!」。ドラえもんはきっと泣きながら(目から謎の液体を流しながら?)こう言うだろう。「僕が工場で生まれたからって、なんでそれだけで心がないって決めつけるんだよ!　人間の脳だって僕と同じで電気信号で動いているのに!　たまたま僕は金属製の脳で考えているってだけなのに!」

君はどう思う?　こんなことを言うドラえもんにはもはや心があると思うかな?　それとも、こんな応答をするなんて、なんて生意気で嫌な機械だと思うかな?　ドラえもんが故障してしまったときに、君はお葬式をしてあげる?　それとも粗大ゴミに出す?

7

認識論

夢と錯覚

ミリーの悪夢《あくむ》

どうしたら夢じゃないとわかるの？①

［哲学的テーマ］
認識論――夢と現実
［目的］
どうして夢のなかのことが現実には起きていないとわかるのかを考えましょう

お話

あるばん、ミリーはベッドでぐっすりねむっていました。

すると、へんな音《おと》がしました。

おどろいて起《お》きあがると、部屋《へや》のドアが開《あ》いて、ふわふわしたピンクの生《い》きものが二《に》ひき入《はい》ってくるのが見《み》えました。

それらがミリーのベッドによじのぼって、大声《おおごえ》で言《い》います。

「こんにちは、ミリー！」

ミリーはこわくて、なにも言《い》えません。

生《い》きものはベッドから飛《と》びおりて、さけび声《ごえ》をあげながら部屋《へや》のなかを走《はし》りまわりだしました。ひきだしを開《あ》け、ミリーの服《ふく》を全部《ぜんぶ》引《ひ》っぱり出《だ》して、笑《わら》いながらゆかの上《うえ》に投《な》げています。

「やめて！」ミリーはさけびました。

でも、生《い》きものはしらんふり。

ありったけのおもちゃをばらまいて、部屋《へや》をめちゃくちゃにしています。と思《おも》うと、とつぜんさけび声《ごえ》をあげ、ドアからコソコソにげていきました。

「ママ！ ママ！」ミリーは大声《おおごえ》でよびました。

お母《かあ》さんが部屋《へや》にかけこんできました。

「ミリー、いったいどうしたの？」

「ママ、ピンクのふわふわの生《い》きものが二《に》ひき、ここにいたの。お部《へ》屋《や》をめちゃくちゃにして、すごく大《おお》きな声《こえ》でさけんでたの」

「きっと夢《ゆめ》を見《み》てたのね。そもそもピンクのふわふわの生《い》きものなんていないし、もちろん、ここにもいなかったのよ。お部屋《へや》を見《み》てごらんなさい、ミリー。ちらかってるかしら？」

「ほんとだ、ちらかってないわ」

「あのさけび声《ごえ》、聞《き》こえなかったの？」

「ええ。もしそんな声《こえ》がしたら、ママにも聞《き》こえていたはずよ。だって、ずっとしずかに本《ほん》を読《よ》んでたんですもの」

「じゃあ、きっと夢《ゆめ》だったのね。ほんとうは起《お》きていなかったんだわ」

ミリーはお母《かあ》さんの言《い》うとおりだと思《おも》いました。

Q

ミリーは夢《ゆめ》のなかで起《お》きたことが、
ほんとうに起《お》きたことだと思《おも》っていたよね。
夢《ゆめ》のなかで起《お》きたことがほんとうには起《お》きなかったことを、
お母《かあ》さんはどうやってミリーにわからせたのかな？

こんな答えが返ってきそうです

「ピンクのふわふわした生《い》きものなんていないと言《い》った」
「部屋《へや》がちらかっていないことに気《き》づかせた」
「さけび声《ごえ》を聞《き》かなかったと言《い》った」

Q

ミリーのような、ふしぎな夢《ゆめ》を見《み》ることはある？

不思議な夢を見た体験について話し合いましょう

Q

目《め》が覚《さ》めたとき、どうすれば夢《ゆめ》のなかのことが
ほんとうには起《お》きなかったとわかるかな？

こんな理由が返ってきそうです

「（もしできたら）夢《ゆめ》のなかに出《で》てきた人《ひと》に、夢《ゆめ》のなかのことがほんとう

に起《お》きたかどうかを聞《き》く」
「もしお母《かあ》さんやお父《とう》さんもずっと家《いえ》のなかにいたのなら、夢《ゆめ》のなかのことがほんとうに起《お》きたかどうかを聞《き》く」
「夢《ゆめ》のなかで起《お》きたような変化《へんか》がほんとうに起《お》きているかどうかを見《み》る」
「夢《ゆめ》のなかに出《で》てきたものが、ほんとうにいるかどうかを考《かんが》える」
「夢《ゆめ》のなかで起《お》きたようなことが、ほんとうに起《お》こるかどうかを考《かんが》える」

やってみよう

夢《ゆめ》のなかでしか起《お》きないことの絵《え》をかいてみよう。どうしてそれが夢《ゆめ》のなかでしか起《お》きないのかも説明《せつめい》してね。

まとめ

どうして夢《ゆめ》のなかのことがほんとうには起《お》きていないとわかるのかな?

学校《がっこう》の夢《ゆめ》

どうしたら夢じゃないとわかるの？②

［哲学的テーマ］
認識論——これは夢？
［目的］
どうして今は夢を見ているのではないとわかるのかを考えましょう

お話

トムは学校《がっこう》にいる夢《ゆめ》を見《み》ています。

自分《じぶん》の本《ほん》を見《み》て、先生《せんせい》の話《はなし》を聞《き》いて、絵《え》をかいて、友《とも》だちと話《はな》しました。

ベッドのなかで目覚《めざ》めたとき、トムはびっくりしました。

「学校《がっこう》にいるとばかり思《おも》ってた。夢《ゆめ》を見《み》てるなんて、ぜんぜんわからなかったよ。ほんとうに学校《がっこう》にいるみたいだった」

次《つぎ》の日《ひ》、トムは学校《がっこう》に行《い》き、本《ほん》を見《み》て、先生《せんせい》の話《はなし》を聞《き》いて、絵《え》をかいて、友《とも》だちと話《はな》しました。

とつぜん、トムは頭《あたま》がこんがらがりました。そして、こう思《おも》いました。

「これって、夢《ゆめ》のとおりじゃないか。どうしたら今《いま》もまだベッドのなかで夢《ゆめ》を見《み》てるんじゃないってわかるんだろう？」

Q

トムは目《め》が覚《さ》めたときに学校《がっこう》にいると思《おも》ったけど、すぐにそれは夢《ゆめ》だったとわかったよね。でも次《つぎ》の日《ひ》、学校《がっこう》に行《い》くと、とつぜん、頭《あたま》がこんがらがった。まだ夢《ゆめ》を見《み》ているのか、それともほんとうに学校《がっこう》にいるのかが、わからなくなったからなんだよね。みんなは今《いま》ほんとうにここにいて、家《いえ》のベッドのなかでここにいる夢《ゆめ》を見《み》ているんじゃないってことが、どうしてわかるの？

「この部屋《へや》にいるってことが目《め》に見《み》えるから」

こんな理由が返ってきそうです

夢《ゆめ》のなかでもなにかを見《み》ていることがあるよ。たとえば、トムは夢《ゆめ》のなかで自分《じぶん》の本《ほん》を見《み》たよね。

「この部屋《へや》のなかでなにかにさわって感《かん》じることができるから」

夢《ゆめ》のなかでなにかにふれて感《かん》じることもあるよ。

「他《ほか》の子《こ》どもたちと話《はな》して、私《わたし》たちみんながここにいることをたしかめられるから」

トムが夢《ゆめ》のなかで友《とも》だちと話《はな》したように、他《ほか》の子《こ》と話《はな》していると思《おも》っていることもまた夢《ゆめ》かもしれないよ。

「今朝《けさ》起《お》きて、ベッドから出《で》たことを覚《おぼ》えているから」

ときどき、目《め》が覚《さ》めたと思《おも》ったのも夢《ゆめ》で、まだねていることもあるよ。

「夢《ゆめ》を見《み》ていないかどうかはわからない。目《め》に見《み》えているとか、さわっているとか思《おも》っていることすべてが、実《じっ》は夢《ゆめ》のなかで起《お》きているかもしれな

反論

だったらこれはどうでしょう

反論

反論

これならどうでしょう

反論

いから」

Q わたしたちの経験《けいけん》することのすべてが夢《ゆめ》かもしれないとしたら、この世界《せかい》のほんとうのことを知《し》ることなんてできるだろうか？

考えてみよう

これまでに見《み》た夢《ゆめ》のなかでいちばんほんとうらしい夢《ゆめ》について話《はな》してね。夢《ゆめ》がどんなふうだとほんとうのことのようなのか、またはほんとうではないようなのかについて話《はな》し合《あ》おう。

まとめ

今《いま》は夢《ゆめ》を見《み》ているのではないということが、どうしてわかるんだろう。もう一度《いちど》考《かんが》えてみましょう。

水中《すいちゅう》のエンピツ

目《め》に見《み》えるものは、すべてそのとおりなのかな？

〔哲学的テーマ〕
認識論――錯視（目の錯覚）
〔目的〕
目に映っているものがどうして錯覚だとわかるのかを考えましょう

お話

ビルとサムは、先生《せんせい》がなにかの実験《じっけん》を見《み》せてくれると言《い》ったので、ワクワクしています。

「どんな実験《じっけん》かな」サムが言《い》います。

「あっ、先生《せんせい》が来《き》た。水《みず》の入《はい》った大《おお》きなボウルを持《も》ってるよ。ぼくたち、びしょびしょになるかもしれない」ビルが言《い》いました。

「おはよう」先生《せんせい》がみんなにあいさつをしました。「今《いま》から見《み》せるものを、お楽《たの》しみにね。きっとみんな、びっくりするわよ」

先生《せんせい》がボウルの水《みず》にエンピツをつけました。

すると、エンピツの水《みず》のなかの部分《ぶぶん》が、まがって見《み》えるではありませんか。

「見《み》ろよ、水《みず》のなかのエンピツがまがってる！」ビルが大声《おおごえ》をあげま

水を入れた透明な容器と、エンピツまたは固い棒を用意してください。

これを実際にやって見せましょう。

した。

「バカ言《い》うな。まがってなんかいないよ。まがって見《み》えてるだけだ」

サムが言《い》います。

ビルはなっとくしません。

「まがってるってば。なにかがまがって見《み》えたら、もちろん、それはまがってるんだ！」

Q

ビルは正《ただ》しいと思《おも》う？　つまり、もしなにかがある形《かたち》に見《み》えたら、それはほんとうにその形《かたち》なんだと思《おも》う？

Yes!

ビルは正《ただ》しい。

どうしてそう思《おも》うの？

「なにかがある形《かたち》に見《み》えたら、それはほんとうにそのとおりの形《かたち》だから。たとえば、目《め》の前《まえ》にエンピツが見《み》えたら、エンピツはほんとうにその形《かたち》でそこにある」

こんな理由が返ってきそうです

たいていの場合《ばあい》、物《もの》はありのままの形《かたち》に見《み》えるけれど、いつもそうではないよ。たとえば、地球《ちきゅう》は地平線《ちへいせん》のところで終《お》わっているように見《み》えるけれど、ほんとうはその先《さき》もずっと続《つづ》いている。

No!

ビルはまちがっている。

どうしてビルはまちがっていると思《おも》うの？

「ときどき、わたしたちの目《め》や耳《みみ》（視覚《しかく》や聴覚《ちょうかく》）はわたしたちをだますから。たとえば、わたしたちのもとから遠《とお》ざかっていく人《ひと》は、見《み》た目《め》にはだんだん小《ちい》さくなっていくけれど、じっさいに小《ちい》さくなっているわけではない」

つづき

「いや、エンピツはまがってないよ。あれは目《め》の錯覚《さっかく》（錯視《さくし》）っていうものなんだ。目《め》の錯覚《さっかく》ってなにか知《し》ってる？」とサム。

ビルは首《くび》を横《よこ》にふりました。

反論

こんな理由が考えられます。例をあげて説明しましょう

「ものがじっさいとはちがった形《かたち》に見《み》えることだよ。水《みず》のなかではエンピツはまがって見《み》えるけど、ほんとうはまっすぐなんだ。しょうめいしようか？ このエンピツを水《みず》から出《だ》したら、まっすぐだったってことがわかるよ」サムが説明《せつめい》します。

ところが、ビルはまだなっとくしません。

「ちがうよ。水《みず》から出《だ》したときにエンピツがまっすぐなのはわかるけど、水《みず》のなかではまがってただろ？ だから、きっとそのエンピツは、水《みず》に入《い》れるとまがるんだ。錯覚《さっかく》なんかじゃない」

サムが説明《せつめい》を続《つづ》けます。

「エンピツはまがらないよ。水《みず》に入《はい》ってるエンピツにそって、指《ゆび》をすべらせたら、まっすぐだってわかるはずだ。やってみろよ、ビル」

ここでエンピツを水から出して見ましょう

実際にこれをやってみましょう。

Q

ビルの言《い》ってることは正《ただ》しいと思《おも》う？ それは水《みず》に入《い》れたらまがって、出《だ》したらまっすぐになるエンピツなのかな？

Yes!

ビルは正《ただ》しい。

どうしてビルが正《ただ》しいと思《おも》うの？

「たぶん、これは手品用《てじなよう》のまがるエンピツなんだと思《おも》う」

試《ため》しに、エンピツをまげてみてごらん。それが手品用《てじなよう》のエンピツでないことはわかるよ。

「わたしたちをだましているのは目《め》（視覚《しかく》）じゃなくて手《て》（触覚《しょっかく》）のほうかもしれないから」


No!

ビルはまちがっている。

どうしてビルはまちがっていると思《おも》うの？

「エンピツをまげようとしてもまがらないことがわかるから」

「エンピツを水《みず》から出《だ》したら、まっすぐなのがわかるから」

「水中《すいちゅう》のエンピツにそって指《ゆび》をすべらせたら、まっすぐだってことがわかるから。見《み》た目《め》にだまされているときに、手でふれてみるとほんとうのことがわかることもある。冷《さ》めているように見《み》えるオーブンやコンロが、さ

こんな理由が返ってくるかもしれません

反論
次ページ やってみよう を参照してみましょう

こんな理由が返ってきそうです

この例は重要です

わってみるとまだ熱《あつ》かったりする」

やってみよう

①水《みず》のなかにいろんなものを入《い》れて、まがって見《み》えるかどうかを調《しら》べよう。

②「ミュラー・リヤー錯視《さくし》」など、他《ほか》の錯視《さくし》の例《れい》をさがしてみよう。

③こんな実験《じっけん》をしてみよう。

右手《みぎて》を熱《あつ》い湯《ゆ》に、左手《ひだりて》を冷《つめ》たい水《みず》に、同時《どうじ》に一分間《いっぷんかん》つけ、次《つぎ》に両手《りょうて》をぬるま湯《ゆ》につけます。すると右手《みぎて》は冷《つめ》たく、左手《ひだりて》は温《あたた》かく感《かん》じるでしょう。

まとめ

どうすれば見《み》えているものが見《み》えているとおりじゃない、目《め》の錯覚《さっかく》であるとわかるのか？　もう一度《いちど》考《かんが》えてみましょう。

インターネットなどで他の錯視の例をさがしてみましょう。たくさんあります

ミュラー・リヤー錯視は、同じ長さの線に矢印を付けると矢印の方向によって長さがちがって見えること

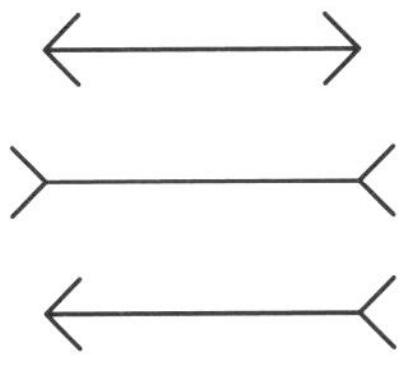

土屋陽介先生からの一言

夢と現実について

いま自分は起きていて学校で勉強をしていると確信しているけれど、もしかしたら急にぱっと目が覚めて、本当は自分の家のベッドの上にいることに気づくかもしれない。過去の出来事については記憶と証拠しか手がかりがないのだから、もしかしたら証拠は全部嘘で、記憶も操作されていて、いま自分が信じている過去は全部間違っているかもしれない。もっと言うと、もしかしたらこの世界は、人の記憶や化石などの証拠も含めて、一切合切が神様によって5分前に創造されたのかもしれない。そう考えてもなんの矛盾もない――誰もが子どもの頃にこんなことを一度は考えたことがあると思うけど、こういう可能性は、果たして本当に否定できるのだろうか?

哲学ではこんなふうにあらゆることを徹底的に疑って考えることを「懐疑論」というんだ。私たちが常識的に正しいと思っていることが全部ひっくり返っちゃうような考え方は、ここにあげたもの以外にもたくさんある。君も何か思いつくかな?

8

形而上学

何が真実か

ネコのアンガス

ほんものと物語《ものがたり》のなかの動物《どうぶつ》はどうちがう？

［哲学的テーマ］
形而上学《けいじじょうがく》——物語のなかの動物は実在か？
［目的］
実在するものとしないもののちがいについて考えましょう

次ページのお話「ネコのアンガス」のさし絵（二つ）と実際のネコをかいた絵を見せましょう

お話

ネコのアンガスは、友《とも》だちをさがして、道《みち》を走《はし》っていました。

すると、ウサギの友《とも》だちジェイクとジャックが家《いえ》から出《で》てくるのが見《み》えました。

アンガスは大声《おおごえ》でよびました。

「サッカーしない？」

「いいよ」二《に》ひきのウサギは言《い》いました。

みんなで道《みち》の先《さき》にあるサッカー場《じょう》に行《い》きました。

しばらくサッカーをしていると、ジェイクが言《い》いました。

「ぼく、つかれたし、なにか食《た》べたいな」

アンガスも同《おな》じだったので、「じゃあ、ぼくのうちにおいでよ」とさそいました。

みんなでアンガスの家《いえ》に行《い》くと、アンガスのママがちょうどおいし

①

②

③

実際《じっさい》のネコをかいた絵《え》

いチョコチップクッキーを焼《や》いたところでした。

「お一《ひと》ついかが？」とアンガスのママ。

「はい、いただきます！」みんなは元気《げんき》な声《こえ》で答《こた》えました。

「気《き》をつけてね。オーブンから出《だ》したばっかりだから、まだ熱《あつ》いわよ」

アンガスとジェイクとジャックはテーブルのまわりに立《た》って、おなかがいっぱいになるまでクッキーを食《た》べました。

Q

このお話《はなし》のなかの動物《どうぶつ》たちはほんものの動物《どうぶつ》だと思《おも》う？

Yes!

ほんものの動物《どうぶつ》。


どうしてこの動物《どうぶつ》たちがほんものの動物《どうぶつ》だと思《おも》うの？

「アンガスはネコに見《み》えるし、ジェイクとジャックはウサギに見《み》えるから」

ネコの人形《にんぎょう》はネコのように見《み》えるけど、ネコじゃないし、ウサギの人《にん》

反論

こんな理由が返ってきそうです

形《ぎょう》もウサギに見《み》えるけどウサギじゃないよ。

「ほんものの動物《どうぶつ》のようにこの動物《どうぶつ》たちもおなかがすいて、食《た》べものがほしくなってるから」

「このお話《はなし》の動物《どうぶつ》たちはほんものの動物《どうぶつ》のように歩《ある》いたり走《はし》ったりしているから」

でも、ほんものの動物《どうぶつ》にはできないおしゃべりやサッカーもしているよ。

No!

ほんものの動物《どうぶつ》じゃない。

なぜほんものの動物《どうぶつ》じゃないと思《おも》うの？

「この動物《どうぶつ》たちはお話《はなし》のなかの動物《どうぶつ》だから、ほんものの動物《どうぶつ》ではありえない」

ほんものの動物《どうぶつ》もお話《はなし》に登場《とうじょう》できるよ。たとえば、飼《か》っているハムスターについてもお話《はなし》を作《つく》れるから。

こんな理由も考えられそうです

反論

いろんな理由が返ってきそうです。反論や反例により議論を楽しみましょう

「この動物《どうぶつ》たちは絵《え》にかかれた動物《どうぶつ》だから」

ほんものの動物《どうぶつ》を絵《え》にかくこともできるよ。たとえば③とか。

「この動物《どうぶつ》たちはほんものの動物《どうぶつ》がしないことをしているので、ほんものの動物《どうぶつ》じゃない」

Q この動物《どうぶつ》たちがしていることで、ほんものの動物《どうぶつ》ができないことはなにかな？

「服《ふく》を着《き》ている」

ペットのウサギや犬《いぬ》に服《ふく》を着《き》せることはできるよ。

「クッキーを食《た》べてる」

犬《いぬ》にクッキーをあげることはあるよ。

「家《いえ》に住《す》んでいる」

実際のネコをかいた絵を見せましょう。

いろんな理由が返ってきそうです。反論や反例により議論を楽しみましょう

犬《いぬ》やネコはわたしたちの家《いえ》に住《す》んでるよ。

「アンガスのママがお菓子《かし》を焼《や》いている」

「サッカーをしている。犬《いぬ》もボールで遊《あそ》ぶけれど、ルールを理解《りかい》できないのでサッカーはしない」

「言葉《ことば》を話《はな》して、たがいの言《い》うことがわかっている。ほんものの動物《どうぶつ》にそれはできない。オウムは言葉《ことば》を話《はな》すけれど、意味《いみ》はわかっていない」

まとめ

お話《はなし》に登場《とうじょう》する動物《どうぶつ》がほんものの動物《どうぶつ》かどうかはどうしたらわかるんだろう。もう一度《いちど》考《かんが》えてみましょう。

数《かず》

数《かず》はほんとうにあるものなの？

［哲学的テーマ］
形而上学――数は存在するか？ 実在か？
［目的］
数は存在するかどうかを考えましょう

お話

ペニーとジョンは数《かず》を数《かぞ》えるのが大好《だいす》きです。

ある日《ひ》、二人《ふたり》はエンピツを数《かぞ》えることにしました。

「このテーブルにはエンピツが3本《ぼん》あるね」ジョンが言《い》います。

「あっちのテーブルには7本《ほん》あるわ」とペニー。

すると、ジョンがちょっと考《かんが》えて、ふしぎそうな顔《かお》をしました。

「エンピツは見《み》えるし、さわることもできるけど……でも、3とか7とかいう数《かず》は見《み》えないし、さわることもできないよね。なにかがちゃんとあるなら、目《め》に見《み》えてさわれるはずだよ。ということは、数《かず》なんてものはないんだ。それに、ちゃんとあるものなら、それはどこにあるって言《い》えるはずだよ。でも、数《かず》がどこにあるかなんて、言《い》えないだろ？　だから数《かず》なんてものはない。数《かず》はお話《はなし》のなかに出《で》てくるおしゃべりをする動物《どうぶつ》たちと同《おな》じで、頭《あたま》のなかで作《つく》ったものにすぎないんだ」

エンピツを用意してください

それに対《たい》し、ペニーは「そんなことないわ」とはんろんしました。
「数《かず》はちゃんとあるのよ。だって、数《かず》はこの世界《せかい》について、真実《しんじつ》を教《おし》えてくれるもの。両方《りょうほう》のエンピツを合《あ》わせたら10本《ぽん》になるってわかるでしょ。それは3＋7＝10だからよ。エンピツを数《かぞ》えなおさなくてもわかるわ。だから、数《かず》はこの世界《せかい》について正《ただ》しいことを教《おし》えてくれる。でも、もしお話《はなし》のなかで牛《うし》がしゃべっても、ほんものの牛《うし》がしゃべれることにはならないわ。つまり、数《かず》はちゃんとあるけど、さわったり、感《かん》じたり、どこにあるかを言《い》ったりはできないから、エンピツなんかとはちがう。ちがうけれど同《おな》じくらいちゃんとあるのよ」

Q

ジョンは数《かず》なんてものはないと言《い》い、ペニーはあると言《い》ったね。どっちが正《ただ》しい？　数《かず》はちゃんとあると思《おも》う？

Yes!

数《かず》はある。

なぜ、数《かず》はあると思《おも》うの？

「ちゃんとあるものでも、見《み》たりさわったりすることができないものもあ

こんな理由が返ってくるといいですね

るから。たとえば、音《おと》や自分《じぶん》の考《かんが》えとか」

「ちゃんとあるものでも、どこの場所《ばしょ》にもないものもあるから」

たとえば、学校《がっこう》の決まり《ルール》がそうだよね。決まり《ルール》を書《か》いたものはあるけれど、それをやぶいてしまっても決まり《ルール》はあり続《つづ》けるでしょ。だから「書《か》かれた決まり《ルール》」と「決まり《ルール》」は同《おな》じじゃない。

「数《かず》はちゃんとある。なぜなら、じっさいの世界《せかい》で数《かず》を使《つか》って物《もの》を数《かぞ》えられるし、正《ただ》しい答《こた》えをえられるから」

「数《かず》はなにかに書《か》けば、見《み》たり、さわったり、指《さ》ししめしたりできるから、ちゃんとある」

それは「書《か》いた数字《すうじ》」（数表示《すうひょうじ》）であって、「数《かず》」とは別《べつ》のものだよ。書《か》いた数字《すうじ》は消《け》せばなくなってしまう。でも、たとえ書《か》いた数字《すうじ》を消《け》したあとでも、数《かず》を数《かぞ》えることはできる。

説明を加えましょう。

反論

No!

数《かず》なんてものはない。

なぜ数《かず》なんてものはないと思《おも》うの？

「ちゃんとあるものは見《み》たりふれたりできるから」

では音《おと》はどう？　音《おと》を見《み》たり、ふれたりできる？　頭《あたま》のなかの考《かんが》えは確《たし》かにちゃんとあるよね。でも、それを見《み》たり、さわったりすることはできない。

「ちゃんとあるものならどこかにあって、それを指《さ》ししめすことができるはず。エンピツは目《め》の前《まえ》にあるけれども、数《かず》はどこにもない。数《かず》がどこにあるかを指《さ》ししめすことはできない」

ちゃんとあるもののすべてが、どこかにあるわけではないよ。たとえば、学校《がっこう》の決まり《ルール》はどこにあると思《おも》う？

「数《かず》はただ頭《あたま》のなかの考《かんが》えにすぎなくて、ちゃんとあるものではない」

だったら、数《かず》について考《かんが》えるのをやめたら、数《かず》はなくなるのかな？

わたしたちの頭《あたま》のなかの考《かんが》えは、ちゃんとあるものではないの？

いろんな理由が返ってきそうです。議論を展開しましょう

反論

これはどうでしょう

反論

「じっさいの世界《せかい》についてなにかを教《おし》えてくれるけど、それでも数《かず》は想像《そうぞう》したものにすぎない。想像上《そうぞうじょう》のものでじっさいの世界《せかい》について教《おし》えてくれるものもある。たとえば、わたしたちは自分《じぶん》だったらどう感《かん》じるかなと想《そう》像《ぞう》することにより、他《ほか》の人《ひと》がどう感《かん》じているかがわかる」

やってみよう

五《ご》ひきのこぐまの絵《え》をかいて、その横《よこ》に数字《すうじ》の5を書《か》いてみよう。
小さなナンバーブックを作《つく》ってみよう。たとえば、一《いっ》ぴきのこぐまをかいて、その横《よこ》には数字《すうじ》の1を、二《に》ひきのこぐまの横《よこ》には2を書《か》いて、3、4、……と続《つづ》けてみましょう。

まとめ

数《かず》はほんとうにあるものなのか、ないものなのか、どっちなのかな？

こんなふうにも言えるはずです。考えを広げましょう

小さな子ども用

大きな子ども用

題材と数は好きなものでやってみましょう。

【設定を変える】
エンピツ以外のものを数えさせます。子どもの年齢に応じて、ちがう数字を使いましょう。小さな子どもには1＋2＝3を試しましょう。

土屋陽介先生からの一言

数について

目には見えないけれど実在すると考えたくなるものの代表は「数」じゃないかな？　数は見たり触ったりすることはできないけど、それを使って計算することで、現実にきちんと正しい答えにたどり着くことができるからだ。これってよく考えてみると、とても不思議なことだ。なぜこの世のあらゆるものは数量化することができたり、それに基づいて計算したりすることができるんだろう？

数そのものは、この世界のどこを探しても見つからないのに、私たちの生活のあらゆることは数によって支えられている。数がなければ、どんな機械だって一切作れないし、それどころか物を数えることだってできない。逆に数をうまく使えば、宇宙にロケットを飛ばしたり、天体の動きを予想したりすることさえできる。そんなに大事なものなのに、「数って何？」って聞かれたら、ほとんどの人がうまく答えることができない。数ってなんて不思議なものなんだろう！

テセウスの船《ふね》

なにかとなにかが
同《おな》じであると言《い》えるには？

［哲学的テーマ］
形而上学——
なにかとなにかが同じであると言《い》えるには？
［目的］
あるものの構成する部分が置き換わっても、やはり同じものであると言えるかどうかを考えましょう

お話

テセウスは港《みなと》にある自分《じぶん》の船《ふね》をながめました。

「かじがちょっと古《ふる》くなってきたな。ボート小屋《ごや》にあるかじと取《と》りかえよう」テセウスは船《ふね》から古《ふる》いかじを取《と》りはずして、ボート小屋《ごや》に運《はこ》びました。

そして、かわりにこうかん用《よう》のかじを持《も》ってきて、もとの船《ふね》に取《と》りつけました。

Q

船《ふね》には新《あたら》しいかじがつきました。
さて、その船《ふね》はまだテセウスの元《もと》の船《ふね》だと思《おも》う？

Yes!

テセウスの元《もと》の船《ふね》。

ボール紙をカットして、船体、かじ、帆の三部分からなる完全に同じ船を二そう作ります（次のページ参照）。一組は組み立てて、港にあるテセウスの船とし、もう一組はバラバラにして、ボート小屋に収められた交換用パーツとします

ボール紙の切り抜きを使って、これをやってみましょう。みんなたいてい「はい」と答えます

テセウスの船《ふね》 台紙《だいし》

これを参考《さんこう》に、
同《おな》じものを2つ作《つく》りましょう。

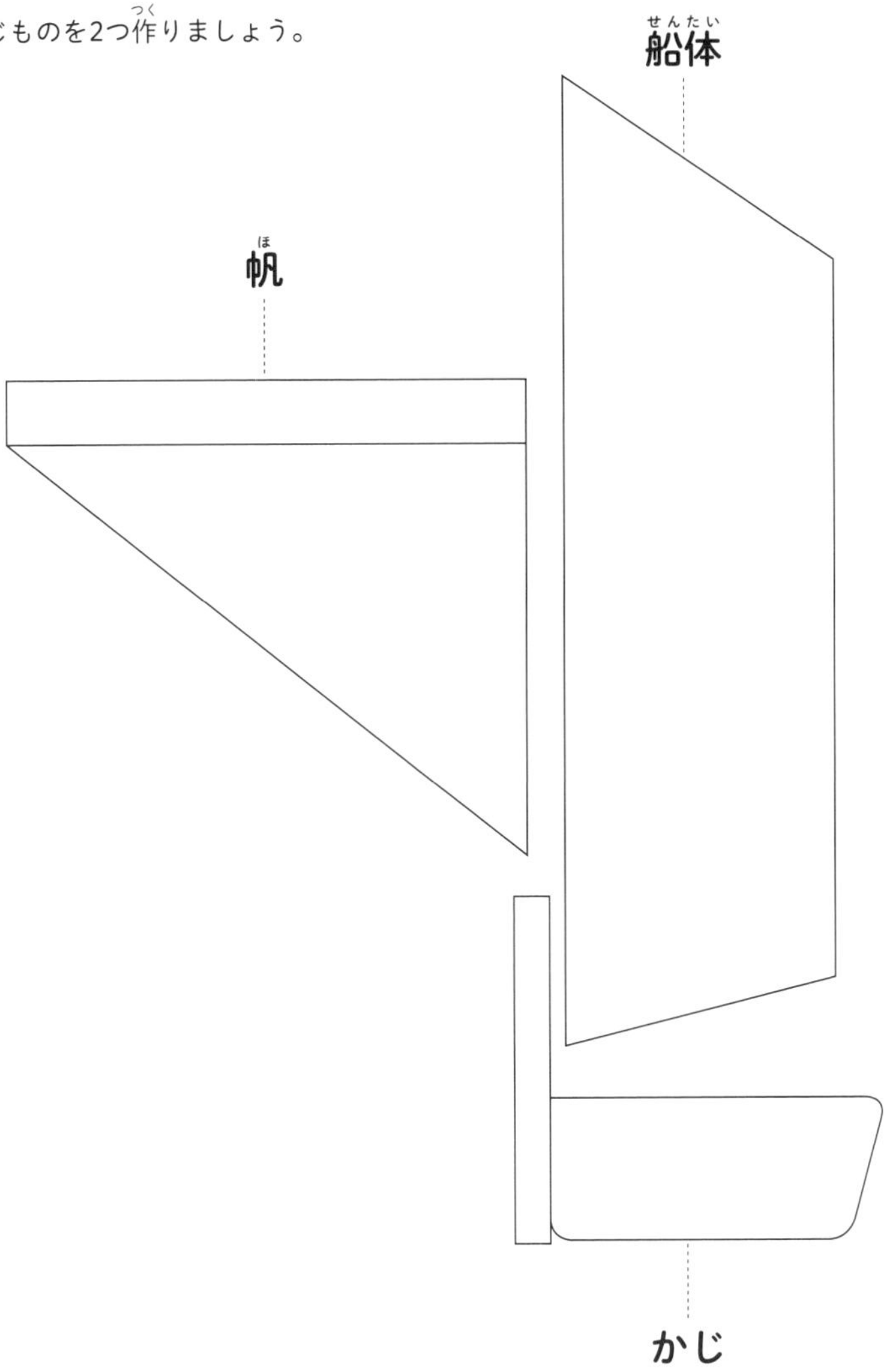

なぜこれはテセウスの元《もと》の船《ふね》なの？

「一部分《いちぶぶん》をかえても、別《べつ》のものにはならないから」


ほかにはどんな例《れい》があるかな？

「玄関《げんかん》ドアをかえたからといって、別《べつ》の家《いえ》になるわけではない」

たとえ一カ所以上《いっかしょいじょう》をかえても、別《べつ》のものにはならない？

「ドアに加《くわ》えて全部《ぜんぶ》の窓《まど》をかえたとしても、別《べつ》の家《いえ》にはならない」


No!

元《もと》の船《ふね》じゃない。


どうしてこれはテセウスの元《もと》の船《ふね》じゃないの？

「元《もと》の船《ふね》とはちがう新《あたら》しいパーツがついているから」

ママとパパが車《くるま》のタイヤを取《と》りかえても、まだ同《おな》じ車《くるま》なんじゃない？

もっと多《おお》くのパーツを（たとえば、すべてのタイヤに加《くわ》えてエンジンも）

こんな理由が返ってきそうです

こんな理由が返ってきそうです

こんな反例をあげましょう

取《と》りかえても、まだ同《おな》じ車《くるま》なんじゃないかな？

つづき

テセウスは少《すこ》し下《さ》がって船《ふね》をながめました。
「かっこいいかじだけど、帆《ほ》も新《あたら》しくしたほうがよさそうだ」
テセウスは船《ふね》から古《ふる》い帆《ほ》を取《と》りはずしてボート小屋《ごや》に運《はこ》び、別《べつ》の帆《ほ》を持《も》ってもどりました。
そして、船《ふね》に取《と》りつけました。

Q

さて、この船《ふね》には新《あたら》しいかじと帆《ほ》が取《と》りつけられました。これもまだ、テセウスの元《もと》の船《ふね》かな？

つづき

ふたたび船《ふね》をながめたテセウスは言《い》いました。
「かじと帆《ほ》が新《あたら》しくなると、船体《せんたい》がやたらみすぼらしく見《み》えるな。そうだ、ボート小屋《ごや》にある別《べつ》の船体《せんたい》と取《と》りかえよう」

切り抜きを使って、これをやってみましょう

ここでもたいていみんなが「はい」と答えます

テセウスは港《みなと》から船《ふね》を引《ひ》き上《あ》げて、ボート小屋《ごや》まで運《はこ》びました。

そして船体《せんたい》を取《と》りはずして、かわりの船体《せんたい》を取《と》りつけました。

それから、その船《ふね》を引《ひ》きずって、港《みなと》にもどりました。

テセウスはきれいになった船《ふね》に大満足《だいまんぞく》です。

Q さて、テセウスの船《ふね》は今《いま》、新《あたら》しいかじ、新《あたら》しい帆《ほ》、新《あたら》しい船体《せんたい》からできてるね。これはまだテセウスの元《もと》の船《ふね》だと思《おも》う？

つづき

テセウスがボート小屋《ごや》にもどると、そこに置《お》いておいたかじと帆《ほ》と船体《せんたい》が目《め》に入《はい》りました。テセウスは言《い》いました。

「これらのパーツから船《ふね》を作《つく》るぞ」

そして、船体《せんたい》に帆《ほ》を立《た》て、かじを取《と》りつけて船《ふね》を作《つく》りました。


ふたたび切り抜きを使って、これをやってみましょう

ここでもたいていみんなが「はい」と答えます

もう一度、切り抜きを使って、これをやってみましょう

Q　今《いま》ボート小屋《ごや》にある船《ふね》はテセウスの元《もと》の船《ふね》だと思《おも》う？ それとも、港《みなと》にある船《ふね》のほうがテセウスの元《もと》の船《ふね》なのかな？

Yes!　**ボート小屋《ごや》にある船《ふね》がテセウスの元《もと》の船《ふね》。**

なぜボート小屋《ごや》の船《ふね》がテセウスの元《もと》の船《ふね》なの？
「港《みなと》にあったテセウスの元《もと》の船《ふね》と完全《かんぜん》に同《おな》じパーツでできているから」
「テセウスがやったことは、元《もと》の船《ふね》を少《すこ》しずつボート小屋《ごや》にうつしただけだから」

こんな理由が返ってきそうです

パーツを交換《こうかん》しても、それで別《べつ》の船《ふね》になるわけじゃないよね。テセウスは一回《いっかい》につき一《ひと》つのパーツをかえながら、最終的《さいしゅうてき》には全部《ぜんぶ》のパーツをかえた。だから「港《みなと》にある船《ふね》のほうがテセウスの元《もと》の船《ふね》だ」と言《い》えるんじゃないかな？

でも、港《みなと》にある船《ふね》はボート小屋《ごや》にある船《ふね》と同《おな》じじゃない。だから、ボート小屋《ごや》の船《ふね》はテセウスの元《もと》の船《ふね》だとは言《い》えないのでは？

反論

港にある船が元の船だという考えに同意したなら、こんなふうにもいえそうです

No!

港《みなと》にあるほうがテセウスの元《もと》の船《ふね》。

なぜ港《みなと》にあるほうがテセウスの元《もと》の船《ふね》なの？

「パーツを交換《こうかん》していくたびに、港《みなと》の船《ふね》がテセウスの元《もと》の船《ふね》だと思《おも》ったから」

「パーツをいくらかえても、別《べつ》のものにはならないから、港《みなと》にあるほうの船《ふね》が元《もと》の船《ふね》。車《くるま》のタイヤや、家《いえ》の窓《まど》や、ぬいぐるみの目《め》をかえても、別《べつ》の車《くるま》や家《いえ》やぬいぐるみにはならない」

こんな理由が返ってきそうです

反論

ボート小屋《ごや》の船《ふね》はすべてテセウスの元《もと》の船《ふね》のパーツからできてるんだよ。だから、ボート小屋《ごや》の船《ふね》のほうが元《もと》の船《ふね》なんじゃない？　港《みなと》にあるほうの船《ふね》ではなく。

Yes! & No!

ボート小屋《ごや》の船《ふね》も港《みなと》の船《ふね》もテセウスの元《もと》の船《ふね》。

なぜ両方《りょうほう》ともテセウスの元《もと》の船《ふね》なの？

「ボート小屋《ごや》の船《ふね》は元《もと》の船《ふね》のパーツからできているから、テセウスの元《もと》の船《ふね》だと言《い》える。港《みなと》の船《ふね》は元《もと》の船《ふね》から少《すこ》しずつパーツを交換《こうかん》された船《ふね》だけれども、パーツの交換《こうかん》では別《べつ》の船《ふね》にはならないから、これもテセウスの元《もと》の船《ふね》だと言《い》える。だから、両方《りょうほう》ともテセウスの元《もと》の船《ふね》」

テセウスの元《もと》の船《ふね》は一《いっ》そうだったよ。だから、両方《りょうほう》ともがテセウスの元《もと》の船《ふね》にはなれないんじゃないかな？

もし片方《かたほう》の船《ふね》をこわしても、もう片方《かたほう》の船《ふね》はこわれていないから、二《ふた》つの船《ふね》は別《べつ》の船《ふね》だ。だから、両方《りょうほう》ともテセウスの元《もと》の船《ふね》だとは言《い》えない。

まとめ

いくつかの、またはすべてのパーツを交換《こうかん》しても、元《もと》のものだと言《い》えるのかな？ もう一度《いちど》、考《かんが》えてみましょう。

こんな理由が返ってきそうです

反論

反論 こんなふうにも考えることができます

【設定を変える】テセウスの船の代わりに、三つか四つのパーツに分かれるおもちゃのショベルカーや車などでもやってみましょう

土屋陽介先生からの一言

同じということについて

同じ「同じ」といっても、「質的に同じ」と「数的に同じ」という二つの「同じ」は区別して考えなければならない。「質的に同じ」というのは、同じ性質をもっているということで、「数的に同じ」というのは、数が一つであるということだ。たとえば、何かを完璧にコピーして同じ性質のものを二つ作ったとすると、その二つは「質的」には同じものであるけれど、「数的」には違うものである。四角い粘土をこねて丸くしたとすると、こねる前の粘土とこねた後の粘土は「数的」には同じものであるけれど、「質的」には違うものである。

テセウスの船の話で考えると、「質的な同じさ」を重視する人は、ボート小屋にある船がテセウスの元の船と「同じ」であると考えるかもしれない。逆に、「数的な同じさ」を重視する人は、港に浮かんでいるピカピカの船こそがテセウスの元の船と「同じ」であると考えるかもしれない。

ところで、船と同じで人間の細胞だってどんどん入れ替わっているわけだけど、だとしたら、子どものときの自分といまの自分は、「数的」には同じだけど「質的」には違うってことになるのかな?

著者について　**ベリーズ・ゴート**

英国スコットランドのセント・アンドリュース大学哲学教授。英国オックスフォード大学卒業後、米国プリンストン大学にて修士号と博士号を取得。『芸術、感情と倫理』（オックスフォード大学出版局）、『映画芸術の哲学』（ケンブリッジ大学出版局）、『芸術の創造』（共著、ケンブリッジ大学出版局）ほか、創造性の哲学、芸術の哲学、倫理学との関係における美学などについての著書、共著、新聞雑誌への寄稿多数。また、哲学を通して幼い子どもに創造的で批判的な思考力を育む教育法に力を注いでいる。

モラグ・ゴート

英国ファイフのアンストラザー小学校教諭。

訳者について　**高月園子**　たかつき・そのこ

翻訳者・エッセイスト。東京女子大学文理学部卒業。英国在住歴25年。翻訳書はR・ソルニット『災害ユートピア』、M・ラトレル『アフガン、たった一人の生還』、I・アブエライシュ『それでも、私は憎まない』（以上、亜紀書房）、L・シェール『なぜ人間は泳ぐのか?』（太田出版）、R・スチュワート『戦禍のアフガニスタンを犬と歩く』（白水社）、P・ジンバルドー『男子劣化社会』（晶文社）ほか多数。エッセイには『ロンドンはやめられない』（新潮文庫）などがある。

日本語版監修者　**土屋陽介**　つちや・ようすけ

1976年生まれ。開智日本橋学園中学・高等学校教諭（哲学対話担当）、開智国際大学教育学部非常勤講師。博士（教育学）。専門は子どもの哲学、教育哲学、現代英米哲学。主な著書に『子どもの哲学』（毎日新聞出版）、『こころのナゾとき』シリーズ（成美堂出版）などがある。主な翻訳書に『君はいま夢を見ていないとどうして言えるのか』（バリー・ストラウド、春秋社）などがある。

5歳《さい》からの哲学《てつがく》
考える力をぐんぐんのばす親子会話

2019年1月30日　初版

著者　ベリーズ・ゴート　モラグ・ゴート
訳者　高月園子
発行者　株式会社晶文社
〒101－0051 東京都千代田区神田神保町1-11
電話 03-3518-4940（代表）・4942（編集）
印刷・製本　ベクトル印刷株式会社

ISBN978-4-7949-7072-5 Printed in Japan
URL http://www.shobunsha.co.jp